W0033654

Danzig

Dieter Schulze

Diese Symbole im Buch verweisen auf den großen Cityplan!

direkt

Witamy – Willkommen

15 x Danzig direkt erleben

Zu Gast in Danzig

Witamy – Willkommen
Mein heimliches Wahrzeichen

Nie weiß man, welche Wasserfontäne als nächste hochspritzt. Und so ist das Vergnügen groß, wenn Wagemutige vom plötzlich aufschießenden Strahl erwischt werden. Im Sommer sind die Kinder nicht fortzulocken, die Erwachsenen schauen ihrem Spiel begeistert zu. Vier lebensgroße Bronzelöwen mit gebleckten Zähnen und zotteliger Mähne halten Wache – sie zollen Danzigs Wappentieren Tribut. Selbst nachts hört das Spiel nicht auf: Dann wird das »Wasserspiel der vier Löwen« in Rot, Blau und Grün angestrahlt …

Erste Orientierung

Wer nach **Danzig** fährt, besucht eine Dreistadt (Trójmiasto, ▶ Karte 4). Das historische Zentrum ist mit dem Bade-Resort **Sopot** und der Hafenstadt **Gdynia** zu einer Metropole verschmolzen, die sich 35 km längs der Westseite der Danziger Bucht erstreckt. Zur Küste hin ist sie von hellen Sandstränden gesäumt, landeinwärts gehen die waldreichen Hügel des Dreistädtischen Landschaftsparks in die Seenplatte der Kaschubischen Schweiz über. Wer Danzig besucht, kann Kultur-, Strand- und Natururlaub verbinden!

Danzigs Zentrum

Die Danziger Innenstadt ist leicht überschaubar und lässt sich gut zu Fuß ablaufen. Der erste Weg führt ins historische Herz, wo Kultur und Architektur aus 1000 Jahren vereint sind. Ein Juwel ist die **Rechtstadt** (Główne Miasto, ▶ B–D 5/6), die ›rechte‹, d. h. ›richtige‹ Stadt am Ufer der Mottlau. Bis zum heutigen Tag strahlt sie den Glanz ihrer ›goldenen Epoche‹ aus: Reiche, meist deutsche Kaufleute begründeten ihren Ruhm.

An die Rechtstadt schließt sich nordwärts die **Altstadt** (Stare Miasto, ▶ B/C 3/4) an. Sie war schon vor dem Jahr 1000 bewohnt und ist damit älter als die Rechtstadt, aber nicht so prachtvoll wie diese. Vor allem slawische Handwerker und Fischer lebten hier – mit eigenem Rathaus, Kirchen und Klöstern. Anders als die Rechtstadt wurde die Altstadt nach dem Zweiten Weltkrieg nicht 1:1 neu errichtet – das Geld reichte nur für die schönsten Bauten. In den letzten Jahren entstanden in der Altstadt spektakuläre Museen. Auch am

gegenüberliegenden Flussufer ist Spannendes zu entdecken.

Zwischen Alter und Neuer Mottlau liegen die im Krieg ausgebombten Schatzkammern der Stadt, die **Bleihofinsel** (Ołowianka, ▶ D/E 4/5) und die **Speicherinsel** (Spichlerze, ▶ C/D 6–8). Sie erleben derzeit eine Renaissance: Der fertiggestellte Jachthafen liefert die Kulisse für schicke Hotels und Restaurants, die Philharmonie und das Nationale Maritime Museum. Ähnliches ist für die Speicherinsel geplant, deren nördlichen Teil die Ikea Foundation erworben hat.

Nur wenige Schritte entfernt, aber durch die viel befahrene Podwale Przedmiejskie getrennt, liegt die **Alte Vorstadt** (Stare Przedmieście, ▶ B/C 7). Touristen zieht es ins Nationalmuseum, wo sie das »Jüngste Gericht«, ein Gemälde von Hans Memling bewundern.

Danzigs Vororte

Der 3 km entfernte Vorort **Wrzeszcz** (Langfuhr, ▶ Karte 4, B 2/3) ist mit Bus oder Tram schnell erreicht. Hier hat die Danziger Universität ihren Sitz. Studenten erfreuen sich am niedrigen Mietniveau und genießen das Nachtleben in szenig-schrägen Lokalen. Mit seinen Mega-Malls (Klif, Manhattan, Galeria Bałtycka) erwarb sich Wrzeszcz auch den Ruf eines wichtigen Einkaufsviertels.

Über die Aleja Grunwaldzka geht es weiter zum Villenvorort **Oliwa** (Oliva, ▶ Karte 4, A 2), der für seine prächtige Kathedrale und Museen in historischen Räumen, Parkanlagen und Polens schönsten Zoo bekannt ist. Per Boot gelangen Sie nach **Nowy Port** (Neufahr-

Von der Marienkirche hat man einen weiten Blick über Danzig

wasser, ▶ Karte 4, B 2) mit der Westerplatte und der Festung Weichselmünde. Westlich davon, bei **Brzeźno** (Brösen), beginnt ein Paradestrand, der sich – von einer Promenade begleitet – volle 17 km bis Gdynia erstreckt. Der einstige Fischer- und Badeort wird zurzeit aufgehübscht – kein Strand liegt näher an der Recht- oder Altstadt! Tristesse herrscht dagegen in den angrenzenden Plattenbau-Vierteln **Przymorze** und **Zaspa** (Saspe). Selbst die gigantischen Graffiti-Fassaden können dagegen wenig ausrichten.

Sopot
14 km nördlich von Danzig liegt Sopot, (▶ Karte 3) Polens schönstes Seebad, das sich dank seiner Quellen Kurort nennen darf. Es bietet einen herrlichen Sandstrand, verspielte Villen und Top-Hotels mit Spas. Doch nach Sopot fährt man nicht nur, um sich zu erholen. Mit legendären Clubs und Pubs ist es zugleich ein Hotspot der Nachtszene. Erreichbar ist Sopot mit dem Shuttle-Zug

SKM vom Danziger Hauptbahnhof (Anfahrt: Gdańsk Główny, Gleise 1–5, Ausstieg Haltestelle 9 Sopot – Kamienny Potok).

Gdynia
Polens ›Tor zur Welt‹ liegt 10 km nördlich von Sopot. Gdynia (▶ Karte 4, A 1) ist das Gegenbild zum historischen Zentrum – Gotik, Renaissance und Barock sucht man hier vergebens. Stattdessen wird verwirklicht, was als modern gilt: So war es schon vor hundert Jahren, als Gdynia in den Formen des Bauhauses entstand, und so ist es noch heute, da sich Gdynia mit Palästen aus Glas und Stahl neu erfindet. Bislang wird Gdynia von nur wenigen Besuchern angesteuert. So können die wenigen Touristen, die den Weg hierher finden, in den unaufgeregt-entspannten polnischen Alltag eintauchen. Erreichbar ist die Stadt mit dem Shuttle-Zug SKM vom Danziger Hauptbahnhof (Anfahrt: Gdańsk Główny, Gleise 1–5, Ausstieg Haltestelle 15 Gdynia Główna).

Schlaglichter und Impressionen

Bowke

Danziger Bowken waren jene jungen Burschen, die den lieben langen Tag am Kai herumlungerten, Pfeife rauchten, einen Likör nach dem andern tranken und mit Freude ins Wasser spuckten. Zwar mochten ein paar unangenehme Gesellen darunter sein, vielleicht auch einige mit ›klebrigen Fingern‹, worauf das Wort *bowen* (stehlen) verweist, doch die meisten waren harmlos und verdienten sich ihren kargen Lohn beim Beladen der Schiffe.

Heute gibt es längst keine Bowken mehr, doch die Erinnerung an sie wird wachgehalten: Ein maritim gestyltes Restaurant am Kai trägt ihren Namen (Gdański Bowke, s. S. 98), kreiert naturtrübes Bowke-Bier und schmückt seine Speisekarte mit einem – deutschen – Bowke-Gedicht.

Fahrenheit und Hevelius

Noch heute werden Temperaturen in angelsächsischen Ländern in Fahrenheit gemessen. Heißt es etwa in Deutschland, die Temperatur betrage 20 °Celsius, so spricht man in den USA von 68 °Fahrenheit. Und Fahrenheit war ein Danziger Bürger (1686–1736), der in der Hundegasse (ul. Ogarna 94) geboren wurde, einen Steinwurf vom Langen Markt entfernt. Einer wohlhabenden Kaufmannsfamilie entstammend, musste er als 15jähriger den Verlust der Eltern verschmerzen. Seine Verwandten verdonnerten ihn zur Kaufmannslehre in Amsterdam, doch er widmete jede freie Minute der Naturwissenschaft. Als Autodidakt entwickelte er eine bahnbrechende Theorie über die Messung von Temperaturen mit Hilfe einer Quecksilbersäule, wofür er in die renommierte Londoner Royal Society aufgenommen wurde.

Diese Ehre wurde noch einem anderen Danziger zuteil. Johannes Hevelius (1611–1687), mit bürgerlichem Namen Hewelcke, war ein Multitalent. Nach einem Jura-Studium in Leiden übernahm er vom Vater eine Brauerei und belieferte selbst England mit seinem Starkbier. Er züchtete Zitrusfrüchte und Pferde, versuchte sich als Kupferstecher und Radierer. Seine große Leidenschaft aber galt der Astronomie, die sein gesamtes Vermögen verschlang. Durch selbst gebaute Fernrohre beobachtete er Mond, Planeten und ferne Galaxien. Er entdeckte neun Kometen und sieben Sternkonstellationen, darunter auch eine besonders helle Sternenwolke, die er nach dem polnischen König Jan III. Sobieski »Sobieskischer Schild« nannte. In der Katharinenkirche ist er beigesetzt, vor dem Altstädtischen Rathaus ehrt ihn ein Denkmal; vor den Toren der Altstadt trägt das Hewelianum seinen Namen.

Grass und die »Blechtrommel«

Günter Grass, in Danzig 1927 geboren und mit 18 Jahren in Richtung Westen geflüchtet, hat die Stadt seiner Kindheit im Geist nie verlassen: Sie inspirierte ihn zu Tausenden Seiten Literatur, zur »Blechtrommel« und zum »Butt«, zu »Katz und Maus«, den »Hundejahren« und den »Unkenrufen«. Für all diese Werke hat er 1999 den Literaturnobelpreis bekommen, wurde in Polen ebenso beliebt wie in Deutschland. Als er sieben Jahre später gestand, kurz vor

Hevelius-Denkmal vor dem Altstädtischen Rathaus

seinem 17. Geburtstag der Waffen-SS beigetreten zu sein, gab es nur wenige Polen, die ihn zur Rückgabe des Nobelpreises aufforderten. Die meisten würdigten auch weiterhin seinen unermüdlichen Einsatz für polnische Belange und meinten, seine Literatur werde durch das Geständnis keineswegs schlechter.

Was an Grass gelobt wird: Er war Ketzer und Querulant, entlarvte autoritäre Muster, wo immer er sie fand. Aufgrund seiner überbordend-sinnlichen Sprache, des Witzes und der Ironie gilt er vielen Polen als Seelenverwandter. Sie danken ihm, dass er Danzig in die Weltliteratur eingebracht und den heutigen Bewohnern »eine Brücke zur

Das Kurhaus in Sopot, Polens beliebtestem Badeort

deutschen Vergangenheit ihrer neuen Heimatorte« gebaut hat (Adam Krzemiński).

Wer möchte, kann Danzig stundenlang auf den Spuren von Günter Grass erkunden. Der erste Weg führt viele zur Grass-Galerie in der Rechtstadt, wo Bilder und Skulpturen beweisen, dass der Schriftsteller auch ein guter bildender Künstler ist. Im Vorort Wrzeszcz (Langfuhr) wurde an Grass' Geburtshaus eine Tafel angebracht. Und im September findet Grassomania statt, ein Kulturfestival zu Ehren von Grass.

Meereslust

Lange Zeit galt das Meer als Ort der Gefahr. Es roch nach Tang und Verwesung, brachte Piraten und Plünderer, verschlang Seeleute und Schiffe. Erst im 19. Jh., als Ärzte die Heilwirkung des Badens propagierten und Schlammpackungen empfahlen, erwachte in ganz Europa die Lust am Meer. Danzig machte keine Ausnahme. Es war Napoleons Leibarzt Jean George Haffner, der beim Durchzug der Grande Armee 1808 in Danzig hängenblieb und am Strand von Brösen (heute Brzeźno) eine Badeanstalt bauen ließ. Seesteg und Badehaus durften nicht fehlen, schon bald galt es unter Danzigs wohlsituierten Bürgern als schick, im neuen Badeort eine Sommerfrische zu besitzen.

Dem ambitionierten Mediziner wurde Brösen freilich bald zu klein. Also ließ er im nördlich gelegenen Sopot alles eine Nummer größer errichten und legte den Grundstein für Sopots Aufstieg. Die Stadt dankte es ihm mit einer Bronzefigur im Park, die ihn mit Gamaschen und Melone zeigt. Heute reichen Danzigs Badestrände von Brzeźno über Sopot bis Gdynia – auf einer Länge von 17 km können Sie der Meereslust frönen!

Phönix aus der Asche

In wenigen Wochen wurde zerstört, was jahrhundertelang aufgebaut worden war: Auf die Luftangriffe der Briten und Amerikaner Anfang März 1945 folgten Sprengungen beim Einmarsch der Roten Armee. Als Deutschland im Mai 1945 kapitulierte, lag Danzig in Schutt und Asche. Läuft man heute die Straßen entlang, reibt man sich die Augen: Das historische Danzig ist neu erstanden, die Gebäude wirken echt und haben bereits Patina angesetzt.

Als sich die polnischen Restauratoren ab 1948 daran machten, die ehemals deutsche Stadt wieder aufzubauen, griffen sie auf alte Stiche, Fotos und Gemälde zurück, dazu auf die Erinnerungen ehemaliger Bewohner. Ein exaktes Abbild des untergegangenen Danzig konnte es nicht sein: Wo Pläne nicht zur Verfügung standen, musste nachempfunden, neu gestaltet werden. Dazu kam, dass dunkle Hinterhöfe nicht der Vorstellung von sozialistischer Wohnkultur entsprachen. So entstand detailgetreu, aber mit viel Fantasie ein Idealbild des historischen Danzig. Als

der Aufbau abgeschlossen war, wirkte die Stadt so malerisch, dass man glauben mochte, sie sei die Kulisse für einen Historienfilm. Tatsächlich ließen die Filmemacher nicht lange auf sich warten. Auch der Buddenbrocks-Roman von Thomas Mann wurde in den Gassen der Rechtstadt verfilmt – hier konnte das Ambiente einer alten Hansestadt besser als am Originalschauplatz Lübeck zum Leben erweckt werden.

Wałęsa und »die Solidarität«

Nach ihm ist der Flughafen benannt und auch ein Raum im »Zentrum der Solidarität«. In der königlichen Residenz im Grünen Tor unterhält Wałęsa ein Büro. So viel Personenkult missfällt vielen Polen, doch in Danzig lässt man auf Lech nichts kommen. 1943 in eine kinderreiche Bauernfamilie geboren, deutete nichts auf seine große Karriere: Lech schlug sich als Gelegenheitsarbei-

Daten und Fakten

Lage: Die Stadt liegt an der Mottlau, einem Nebenfluss der Weichsel, an der Danziger Bucht; nur wenige Meter über dem Meeresspiegel, maximale Höhe 200 m.
Fläche: Die Stadt Danzig erstreckt sich über 262 km²; davon werden 41 % landwirtschaftlich und 36 % forstwirtschaftlich genutzt, der Rest ist bebaute Fläche.
Dreistadt mit Sopot und Gdynia: 415 km²
Großraum Dreistadt mit Wejherowo, Reda und Rumia: 1332 km²
Woiwodschaft Pommern (Województwo pomorskie): 18 300 km²
Bevölkerung: In Danzig leben 460 000, in der gesamten Dreistadt 750 000 Einwohner. Knapp 80 000 Studenten sind an sechs Hochschulen/Universitäten eingeschrieben.
Religion: Über 95 % der Bevölkerung sind römisch-katholisch.
Verwaltung: Danzig, Sopot und Gdynia bilden eine Dreistadt (Trójmiasto), bleiben aber verwaltungstechnisch getrennt. Danzig ist die Hauptstadt von Pommern (Województwo pomorskie), einer von insgesamt 16 polnischen Woiwodschaften (= Provinzen).
Kultur: Danzig ist ein wichtiges kulturelles Zentrum mit Oper und Philharmonie, mehreren Theatern und einem Dutzend Museen, die wiederum zahlreiche Filialen betreiben.
Zeitzone: MEZ, d. h. die Uhrzeit ist die gleiche wie in Deutschland.

ter durch, heuerte 1967 als Elektromonteur auf der Danziger Lenin-Werft an. Drei Jahre später nahm er an den Streiks gegen die Erhöhung der Lebensmittelpreise teil und erlebte, wie demonstrierende Arbeiter vor der Werft erschossen wurden. Darauf gründete er 1976 zusammen mit Intellektuellen ein »Komitee zur Verteidigung der Arbeiter« und die vom Staat unabhängige Gewerkschaft »Solidarität« (Solidarność). Das kostete ihn den Job, stärkte aber seinen Ruf als Arbeiterführer.

Seine große Stunde kam 1980, als die Danziger Arbeiter erneut streikten und die Legalisierung der »Solidarität« verlangten. Den Danzigern schlossen sich die Stettiner Werftarbeiter an, bald auch die Werktätigen der Kattowitzer Lenin-Hütte, der oberschlesischen Kohlebergwerke und der Traktorenfabrik Ursus, kurzum: aller Betriebe der staatlichen Großindustrie. Nach wochenlangen Streiks lenkte die Regierung ein: Am 31. August 1980 wurde mit dem »Danziger Abkommen« die Gewerkschaft offiziell zugelassen. Dieser Sieg markierte den Anfang vom Ende des kommunistischen Systems – nicht nur in Polen, sondern in ganz Osteuropa.

Nur kurzzeitig gelang es der Regierung unter General Jaruzelski, das Rad der Geschichte durch Ausrufung des Kriegsrechts 1981 zurückzudrehen. Dann wurde sie durch neue Streiks zum Einlenken gezwungen. Und wieder war es Lech Wałęsa, aufgewertet durch den Friedensnobelpreis (1983), der sie anführte. Sechs Jahre später erzwangen die Arbeiter die Wiederzulassung ihrer Gewerkschaft und erstmals auch in einem sozialistischen Land die Durchführung parlamentarischer Wahlen. Aus ihnen ging 1990 Wałęsa als erster frei gewählter Präsident Polens hervor. Freilich währte die Euphorie über seinen Sieg nicht lang. Seine einstigen Mitstreiter

hatten sich den Umbau der Gesellschaft anders vorgestellt, sahen ihre Ideale und Träume bald missbraucht. Bei den Wahlen fünf Jahre später wurde Wałęsa vom Reformkommunisten Aleksander Kwaśniewski besiegt, im Jahr 2000 erhielt er gegen ihn nicht mal mehr ein Prozent der Stimmen. Heute lebt der einstige Arbeiterführer in der ul. Polanki, der so genannten ›Bonzen-Straße‹ (Oliwa) und hält Vorträge in aller Welt, die er sich fürstlich honorieren lässt.

Wappen und Wahrzeichen

Die das Wappenschild tragenden Löwen stehen für Größe und Macht des einstigen Handelsimperiums. Die beiden silbernen Kreuze auf rotem Grund stammen von den Deutschen Ordensrittern, die in Danzig von 1266 bis 1466 herrschten. Die goldene Krone huldigt dem polnischen Königshaus, dem Danzig seine goldene Zeit verdankt. Die Farben Rot und Weiß sind die Erkennungszeichen der Hanse, jenem Städtebund, der den Handel beflügelte. Zuweilen ist am Fuß des Schildes die Losung zu lesen: »Nec temere, nec timide« (weder draufgängerisch noch furchtsam).

Welthauptstadt des Bernsteins

Dem Namen zum Trotz ist es kein Stein, sondern fossiles Harz skandinavischer Nadelbäume, das vor Millionen Jahren herabtropfte und sich dabei verhärtete. Durch Regen wurde es in die Flüsse und ins Meer gespült. Noch heute befinden sich im Süden der Ostsee die größten Vorkommen der Welt. Bernstein schillert zwischen Hellgelb und Rotbraun, ist transparent oder milchig. Oft enthält er Einschlüsse von kleinen, auf ewig im ›gläsernen Sarg‹ gefangenen Insekten und Reptilien. Bernstein löst sich in Alkohol auf und schmilzt ab einer Tempe-

Das Danziger Stadtwappen im Roten Saal des Rechtstädtischen Rathauses

ratur von 375 °C, wobei er Harzduft verströmt. Dieser Eigenschaft verdankt er auch seinen Namen: *Bornsteen* ist ein mittelniederdeutsches Wort und bedeutet »Brennstein«.

Bernstein wurde große Heilwirkung zugeschrieben: Tinkturen auf der Basis von Alkohol verwendete man gegen Kopfschmerz, Schnupfen und Atembeschwerden, gegen Augenentzündungen und Rheuma. Zigarettenspitzen aus Bernstein, so glaubte man noch zu Beginn des 20. Jhs., milderten die gesundheitsschädliche Wirkung des Rauchens. Besonders begehrt war Bernstein schon in frühester Zeit als Schmuck. Im Grab des ägyptischen Pharaos Tutenchamun fand man eine Krone, in die Diamanten und Smaragde, aber auch baltischer Bernstein eingearbeitet war. Man wertet dies als Beleg dafür, dass der Stein schon vor 3500 Jahren von der Ostsee ans Mittelmeer transportiert wurde. Auf der so genannten Bernsteinstraße gelangte er über die untere Weichsel, Schlesien und Mähren bis an die Adria, von wo er in die Häfen des Nahen Ostens weiterverschifft wurde.

Ab dem 19. Jh. wurde Bernstein industriell gefördert. Bergwerke entstanden vor allem in Palmnicken (heute russisch Jantarnij). Mit Hochdruckdampf werden ca. 400 Tonnen jährlich aus der Erde gepresst und nach Danzig verkauft, wo ihn Kunsthandwerker weiterverarbeiten. In der Dreistadt sind etwa 8000 Menschen in der Bernsteinbranche beschäftigt. Ihre Werke findet man in den Galerien auf dem Langen Markt, längs der Mottlaupromenade und in der Frauengasse. Im Bernsteinmuseum, im Archäologischen Museum und in der Marienburg ist naturbelassener Bernstein in seiner ganzen Vielfalt zu sehen. Derweil entsteht in der Brigittenkirche der weltweit größe Bernsteinaltar.

Alljährlich im März findet im Kongresszentrum Amberexpo die weltweit größte Bernsteinmesse Amberif statt (engl. *amber* = Bernstein); nebenan steht Polens schönstes Stadium, die in Farbe und Form einem Bernstein nachempfunde PGE Arena. In der östlich von Danzig gelegenen Stadt Jantar (altslawisch *jantar* = Bernstein) werden Ende August die Weltmeisterschaften im Bernsteinfischen ausgetragen.

13

Geschichte, Gegenwart, Zukunft

Spuren am Meer

Als sich 997 die Kunde vom Tod des Missionsbischofs Adalbert verbreitet, wird Danzig erstmals erwähnt: als eine slawische »urbs Gydannyzc«, eine befestigte Siedlung an der Mündung der Mottlau. Ihre Bewohner leben von Fischfang und Bernsteinhandel.

Deutscher Ritterorden

Die in Kreuzzügen gestählten Ritter des Deutschen Ordens missionieren ab 1230 das Land östlich der Weichsel und schaffen einen straff organisierten ›Gottesstaat‹. Nach dem Tod seines letzten Fürsten 1266 gerät auch Danzig in den Einflussbereich des Ordens, 1343 verleiht dieser der Siedlung am Langen Markt (Rechtstadt) das Gründungsprivileg. Sie entwickelt sich zum wirtschaftlich und kulturell wichtigsten Stadtteil Danzigs, durch den Beitritt zum Städtebund der Hanse (1363) wird der Handel beflügelt. Widerstand gegen den Orden regt sich ab 1410, als die Ritter vom polnisch-litauischen Heer geschlagen und zur Entrichtung hoher Abgaben verpflichtet werden.

18 Städte schließen sich zum Preußischen Bund zusammen und schütteln mit Unterstützung Polens in einem 13jährigen Bürgerkrieg (1454–1466) die Ordensherrschaft ab. Fortan ist Danzig eine autonome Stadtrepublik unter der Hoheit des polnisch-litauischen Monarchen.

Goldene Zeit

Die Freie Stadt (1466–1793) verfügt über eine eigene Regierung und Bürgerwehr, sichert sich die weitgehende Steuer- und Zollfreiheit sowie das Recht auf Prägung von Münzen. Nur einmal im Jahr kommt der polnische König in die Stadt und lässt sich seine Hoheit feierlich bestätigen. Fast der gesamte Außenhandel Polens wird über Danzig abgewickelt; Getreide wird auf der Speicherinsel umgeschlagen, bevor es weiterverschifft wird.

Der gigantische Warenumschlag bringt den Kaufleuten viel Geld, das sie in Danzig investieren: In Flandern und Holland angeworbene Architekten erschaffen eine Stadt, die zu den schönsten Europas zählt.

Unter preußischer Herrschaft

Der Niedergang Polens im 17. und 18. Jh. macht vor Danzig nicht Halt. In den Polnischen Teilungen bleibt Danzig zunächst bei Polen, fällt aber 1793 an Preußen und büßt seine Privilegien als selbständige Stadtrepublik ein. Vorbei ist es nun mit »republikanischen Träumen«, fortan herrscht »Ordnung nach preußischem Maß« (Grass). Erst als die Wirtschaft wieder Aufschwung nimmt und Schiffbau wichtigster Industriezweig wird, wächst die Zustimmung zu den ›Besatzern‹. Die Eingliederung ins Deutsche Reich 1871 wird begrüßt.

Von der Freien zur zerstörten Stadt

Nach dem Ersten Weltkrieg trennen die Siegermächte Danzig vom Deutschen Reich ab und erklären es zu einem Freistaat unter dem Protektorat des Völkerbunds. Doch die Mehrheit der Bevölkerung sucht den Anschluss ans Deutsche Reich. Sie empfindet die Schaffung eines Korridors, über den Polen Zugang zum Meer erhält, als Provokation. Mit

Der Lange Markt um 1850

Gdynia entsteht ein großer polnischer Hafen, in dem mehr Waren umgeschlagen werden als in Danzig. Die Frage des Polnischen Korridors dient den Nationalsozialisten 1939 als Vorwand für den Überfall auf Polen: Mit der Beschießung des polnischen Militärdepots auf der Danziger Westerplatte beginnt der Zweite Weltkrieg, an dessen Ende die ›Perle der Ostsee‹ in Schutt und Asche liegt.

Sozialistisches Intermezzo

1945 wird Polen nach Westen verschoben, Danzig wird polnisch. Die meisten deutschen Bewohner fliehen oder werden vertrieben. Sie werden ersetzt durch Menschen aus dem polnischen Umland oder den an die Sowjetunion abgetretenen früheren polnischen Ostgebieten. Polen wird sozialistisch: Privat- wird durch Staatseigentum ersetzt, Löhne und Preise sind festgelegt.

Schon bald beginnt der Wiederaufbau von Danzigs historischem Zentrum, im Norden entstehen Plattenbausiedlungen. In der Bevölkerung regt sich Unmut über politische Bevormundung und Mangelwirtschaft. Die Streiks der Danziger Werftarbeiter 1980 führen zur Gründung der unabhängigen Gewerkschaft Solidarność, was den Beginn einer politischen und wirtschaftlichen Umgestaltung ganz Polens markiert.

Gegenwart

1989 wird Polen eine marktwirtschaftliche Demokratie. Durch die Umverteilung von Besitz entstehen krasse Einkommensunterschiede, anstelle staatlicher Finanzierung von Ausbildung, Gesundheits- und Rentensystem tritt die private Vorsorge. Danzigs Werftindustrie gerät in eine schwere Krise. 1999 tritt Polen der NATO, 2004 der EU bei. Fortan fließen Brüsseler Fördergelder in die Infrastruktur des Landes, Hotels und Kulturstätten werden restauriert.

2014 werden in Danzig das Europäische Zentrum der Gewerkschaft Solidarność und das neue Shakespeare-Theater eröffnet, 2016 soll das Museum des Zweiten Weltkriegs öffnen.

Anreise

… mit dem Flugzeug

Mit Billigfliegern kommt man schnell und günstig nach Danzig. Wizzair steuert Danzig z.B. von Köln, Dortmund und Hamburg/Lübeck an; Norwegian fliegt von Berlin Schönfeld, Hamburg, Köln und München, Air Berlin ab Berlin. Linienflieger wie LOT, Lufthansa und Austrian Airlines haben Danzig gleichfalls im Programm, sind aber teurer.

www.wizzair.com
www.norwegian.com
www.airberlin.com
www.lot.com
www.lufthansa.com
www.austrian.com

Flughafen: Lech-Wałęsa-Airport, Rębiechowo, Tel. 08 01 06 68 08, www.airport.gdansk.pl. Danzigs Flughafen liegt 9 km westlich der Stadt. In der Ankunftshalle (Terminal 1) gibt es eine Touristeninfo und Autovermietung. Die Wechselstube bietet einen schlechten Kurs, deshalb hier besser nur wenig Geld wechseln!

Vom Flughafen fahren Bus 210 zum Danziger Hauptbahnhof und Bus 110 zum Bahnhof im Stadtteil Wrzeszcz. Bustickets für knapp 1 € gibt es am Automaten bzw. beim Fahrer.

Gäste bestimmter Fluggesellschaften können für 2,50 € im bequemen Airport Bus zum Terminal Miasto in der Danziger Altstadt fahren, wo sie auch 3–24 Std. vor dem Abflug mit ihrem Gepäck einchecken können (ul. Heweliusza 13–17, Tel. 58 526 88 00). Ein Taxi ins Zentrum kostet etwa 17 €.

… mit der Bahn

Täglich fährt ein EuroCity von Berlin Hauptbahnhof in sechs Stunden via Posen nach Danzig. Sparpreise sind ab drei Monate vor Fahrtantritt buchbar. Schweizer fahren gleichfalls via Berlin, Österreicher via Warschau. Eine attraktive Option ist der Nachtzug: Sie steigen abends in den Zug und erreichen am nächsten Tag Danzig und haben so einen Urlaubstag gewonnen.
Deutsche Bahn: www.bahn.de
Österreichische Bundesbahn: www.oebb.at
Schweizer Bundesbahn: www.sbb.ch
Polnische Bahn: www.rozklad-pkp.pl
Hauptbahnhof: Gdańsk Główny PKP, Podwale Grodzkie 1, www.pkp.pl. Danzigs Bahnhof liegt unmittelbar vor den Toren des historischen Zentrums und verfügt über Schließfächer, Wechselstube und Geldautomaten.

… mit dem Bus

Nicht am bequemsten, doch am billigsten erreicht man Danzig mit Bus. Verbindungen gibt es ab zahlreichen deutschen Städten. Eurolines/Deutsche Touring-GmbH: Hotline: 06196 20 78-501, www.eurolines.de

Busbahnhof: Gdańsk Dworzec PKS, ul. 3 Maja 12, www.pks.gdansk.pl, So geschl. Danzigs Busbahnhof liegt hinter dem Zugbahnhof und ist von dort über einen Tunnel erreichbar.

… mit dem Auto

Das historische Zentrum ist verkehrsberuhigt und Parkplätze sind rar. Wer dennoch das Auto wählt, fährt ab Deutschland meist auf der von Berlin nach Stettin führenden A 11, auf der Europastraße E28 geht es via Koszalin und Słupsk nach Gdynia. Von Süden nähert man sich Danzig auf der A1. An allen Grenzübergängen ist Geldwechsel möglich, zur Einreise braucht man den nationalen Führerschein und den Kfz-Schein. Wer mit geliehenem Pkw einreisen will, muss eine amtlich beglaubigte Benutzungsvollmacht vorweisen können. Vordrucke hierfür sind in den ADAC-Geschäftsstellen erhältlich.

Verkehrsregeln: Als Tempolimits gelten innerorts 50 km/h, auf Landstraßen 90 km/h, auf Schnellstraßen 100 km/h und auf Autobahnen 140 km/h. Fahrzeuge mit Anhänger dürfen auch auf breiten Landstraßen nicht schneller als 70 km/h, auf Autobahnen maximal 80 km/h fahren. Wer zu schnell fährt, muss mindestens 100 € Bußgeld zahlen. Autofahrer müssen ganzjährig mit Abblendlicht fahren, Parken ist bei Dunkelheit nur mit Standlicht gestattet. Das Halten ist innerhalb von 100 m vor und nach einem Bahnübergang untersagt. Im Bereich von Kreuzungen ist das Überholen verboten, Straßenbahnen haben prinzipiell Vorfahrt. Handybenutzung beim Fahren ist verboten; davon ausgenommen sind Freisprechanlagen. Warndreieck, Verbandskasten und Ersatzbirnenbox sind mitzuführen. Die Promillegrenze liegt bei 0,2. Bei Überschreitung droht der Entzug des Führerscheins und das Fahrzeug kann sichergestellt werden. Polizisten dürfen das Strafgeld nicht bar kassieren, sondern müssen eine Rechnung ausstellen. Mautgebühren fallen in Polen auf Autobahnen und Schnellstraßen an.

Tankstellen gibt es reichlich, oft sind sie rund um die Uhr geöffnet. Benzin ist günstiger als etwa in Deutschland (Super bleifrei = Pb 95, Super plus = Pb 98, Diesel = ON bzw. Olej Napędowy).

Mietwagen internationaler Firmen wie Avis (www.avis.pl) und Hertz (www.hertz.com.pl) können am Danziger Flughafen gemietet werden.

Einreisebestimmungen

Bürger Deutschlands, Österreichs und der Schweiz benötigen für die Einreise nur den Personalausweis. Kinder benötigen eigene Reisedokumente, Einträge im Pass der Eltern sind nicht mehr gültig.

Die Höchstmengen für die zollfreie Wareneinfuhr entsprechen den in der EU geltenden Höchstmengen (www.zoll.de).

Feiertage

1. Jan.: Neujahr (Nowy Rok)
6. Jan.: Hl. Drei Könige (Objawienie Pańskie – Trzech Króli)
Ostersonntag (Wielkanoc)
Ostermontag (Poniedziałek Wielkanocny)
1. Mai: Tag der Arbeit (Święto Pracy)
3. Mai: Tag der Verfassung (Święto Konstytucji 3 Maja)
Fronleichnam (Boże Ciało)
15. Aug.: Maria Himmelfahrt (Wniebowzięcie Najśw. Maryi Panni)
1. Nov.: Allerheiligen (Wszystkich Świętych)
11. Nov.: Tag der Unabhängigkeit (Narodowe Święto Niepodległości)
25. Dez.: 1. Weihnachtsfeiertag (Boże Narodzenie)
26. Dez.: 2. Weihnachtsfeiertag (Świętego Szczepana)

Feste und Festivals

Amberif: März, http://amberif.amber expo.pl. Während der Bernsteinmesse wird Designer-Schmuck präsentiert, bei der Amber Look Gala werden mit Bernstein bestückte Kreationen gezeigt.

Wielkanoc: Ostern. Auf den Ostersonntag mit Auferstehungsmesse und Prozession folgt der heitere Śmigus-Dyngus-Tag. In den Familien besprengt man sich die Häupter mit Wasser und streift symbolisch die Sünden ab, auf den Straßen geht es heftiger zu: Jugendliche nutzen die Chance und schütten kübelweise Wasser auf die Passanten.

Danziger Gründungsfest: Święto Miasta Gdansk, Mai. Die sommerliche Festsaison wird mit Pauken und Trompeten eröffnet – gefeiert wird mit Umzügen in historischen Kostümen.

Danziger Musiksommer: Gdańskie Lato Muzyczne, Mitte Juni bis Ende Aug., www.filharmonia.gda.pl. Auf der Freillchtbühne vor der Philharmonie lädt das Danziger Orchester jedes Wochenende zu einem Klassikkonzert ein.

Baltic Sail: Juli, www.balticsail.pl/de. Vor der Kulisse der Rechtstadt findet Polens größtes Seglertreffen statt. Vom Jachthafen starten Schiffe zu Wettfahrten in der Danziger Bucht. Außerdem gibt es auf der Mottlau eine Regatta der Drachenboote, am Krantor ein Festival der Seemannslieder.

Tage des Meeres: Juli. Shanties und Open-Air-Konzerte am Strand von Sopot.

Feta: Juli, www.plama.art.pl. In den Straßen der Rechtstadt treffen sich Bauchredner und Stelzenläufer, Tänzer und Gaukler zum einwöchigen Festival der Straßentheater.

Heineken Open'er Festival: Anfang Juli, http://opener.pl. Zehntausende Fans aus ganz Polen reisen nach Gdynia zum internationalen Top-Event. Vier Tage lang treten auf dem Flugfeld Kosakowo Stars wie Blur, Kaliber 44 und Nick Cave & The Bad Seeds auf mehreren Bühnen auf.

Summer Stage: JuliAugust. Am Strand von Orłowo wird eine große Bühne aufgebaut, Veranstalter ist das Stadttheater von Gdynia.

Kino am Strand: Orange Kino Letnie, Juli–August, www.orangekinoletnie.wp.pl. Der Mobilfunkanbieter Orange sponsert das Sommerkino an Sopots Strand, Möwengeschrei und Meeresrauschen inklusive.

Internationales Orgelfestival: Międzynarodowy Festiwal Muzyki Organowe, Juli-August. Im Dom zu Oliwa werden alle Register gezogen.

Mozartiana: August, www.mozartiana.pl. Beim Festival im Park von Oliwa lässt der Polnische Kammerchor Mozart bei Festbeleuchtung erklingen.

Sopot Festival: August, www.topofthetop.pl. Beim traditionsreichen Liederfestival in der Waldoper treten internationale Pop- und Schlagerstars auf.

Internationales Shakespeare-Festival: August, www.teatrszekspirowski.pl. Renommierte Ensembles aus aller Welt präsentieren Stücke des Dramatikers. Aufgeführt werden sie in einem 2014 eigens für sie erbauten Theater, dessen Decke sich öffnen lässt, sodass man *open air* spielen kann.

Dominikanermarkt: Jarmark Dominikański, August, www.mtgsa.pl. Das wichtigste Fest der Dreistadt geht auf das Jahr 1260 zurück, als Papst Alexander IV. dem Danziger Dominikanerorden die Erlaubnis gab, am Tag ihres Schutzpatrons einen Jahrmarkt abzuhalten: ein schwungvoller Ablasshandel sollte Geld in seine Kassen spülen. Seitdem steigt jedes Jahr um den 4. August ein gewaltiges Fest. Nach dem Läuten aller Kirchenglocken verwandeln sich die Gassen der Rechtstadt für drei Wochen in einen riesigen Marktplatz mit Musik und Straßentheater, Bernsteinmesse und Feuerwerk.

Solidaritäts-Marathon: Maraton Solidarności, Mitte August, www.maratongdansk.home.pl. Auch Danzig hat seinen Großmarathon. Tausende Sportler laufen eine 42,1 km lange Strecke ab – von einem Solidarność-Kultort zum nächsten.

Danziger Jazznächte: Gdańskie Noce Jazzowe, August, www.teatrlesny.pl. Konzerte in der Waldoper von Sopot.

Grassomania: September. Die Günter-Grass-Galerie organisiert ein Literatur- und Kunstfestival in Wrzeszcz, dem Geburtsort des Autors.

Kunst- und Lichtfestival: Narracje, November, www.narracje.eu. Danzig magisch: Die Fassaden werden mit Licht- und Videoinstallationen geheimnisvoll beleuchtet.

Allerheiligen und Allerseelen:. 1. November, Wszystkich Świętych/Zaduszki. Zu Allerheiligen verwandeln sich Breslaus neun Friedhöfe in ein Lichtermeer. Tausende brennender Kerzen schaffen eine romantische, bei Nebel auch gespenstische Atmosphäre. In der Nacht zuvor haben sich Jugendliche in Geistergewänder gehüllt und sind als Spukfiguren durch die Straßen der Stadt gezogen: der US-Import Halloween, so scheint es, triumphiert über katholische Moral.

Weihnachtsmarkt: Dezember. Auf dem Kohlenmarkt (Targ Węglowy) wärmt man sich mit Glühwein und Met (Honigwein), während in stimmungsvoll beleuchteten Buden kaschubisches Kunsthandwerk verkauft wird.

Silvester: Am letzten Tag des Jahres lässt man auf dem Langen Markt die Sektkorken knallen und genießt ein großes Feuerwerk.

Geld

Gedacht wird bereits in Euro, doch gezahlt noch in Złoty. Man tauscht in der Bank oder – meist günstiger – in der Wechselstube *(kantor)*. Sind Wechselstuben auch spätabends oder sonntags geöffnet, haben sie in der Regel einen schlechteren Kurs. Gleiches gilt für die Wechselstuben an Flughäfen, Bahnhöfen und Grenzübergängen. Wechselkurs (Aug. 2014): 1 € = 4,15 Złoty, 1 SFr = 3,41 Złoty; 1 Złoty = 0,24 € = 0,29 SFr.

Geldautomat: Fast jede Bank verfügt über einen *bankomat*, wo Sie Bargeld abheben könen.

Kreditkarten: Gängige internationale Kreditkarten wie Mastercard und Visa werden in großen Hotels, Restaurants, Geschäften und Leihwagenfirmen akzeptiert (s. auch Sicherheit und Notfälle S. 24).

Preisniveau: Danzig ist eine im Vergleich mit anderen europäischen Metropolen preiswerte Stadt. Wenig zahlt man nach wie vor für öffentliche Verkehrsmittel, Konzert- und Museumsbesuche. Fast alle staatlichen Museen bieten freien Eintritt an EINEM Tag der Woche, erfragen Sie Details bei der Touristeninformation! Es gibt eine Vielzahl günstiger Lokale, und auch das Nachtleben reißt kein Loch ins Portemonnaie.

Trinkgeld: War man mit dem Service zufrieden, gibt man ein Trinkgeld von 10 %.

Gesundheit

Gesetzlich krankenversicherte Patienten haben im akuten Krankheitsfall Anspruch auf ambulante oder stationäre Behandlung bei jedem zugelassenen polnischen Arzt und in staatlichen Krankenhäusern. Vorzulegen ist die Europäische Versicherungskarte, die man vor Reiseantritt bei seiner Krankenkasse beantragt. In der Regel zahlt man dem Arzt die vor Ort erbrachten Leistungen und erhält von der Krankenkasse jene Summe zurück, die beim entsprechenden Arztbesuch im Heimatland angefallen wäre. Zur Erstattung der Kosten benötigt man ausführliche Quittungen mit den Namen des Arztes und des Patienten, Datum, Art, Umfang und Kosten der Behandlung.

Apotheken: Die *apteka* verkauft Arzneimittel preiswert und vielfach ohne Rezept. Nachts oder feiertags ist angeschlagen, welche Apotheke Sonderdienst hat.

Informationsquellen

Polnische Fremdenverkehrsämter
… in Deutschland
Kurfürstendamm 71, 10709 Berlin, Tel. 030 210 09 20, www.polen.travel/de

… in Österreich
Polnisches Fremdenverkehrsamt Fleschgasse 34/2a, 1130 Wien, Tel. 01 524 71 91, www.polen.travel/de-at

Schweizer wenden sich ans Polnische Fremdenverkehrsamt in Österreich oder in Deutschland, da es in der Schweiz keine Repräsentanz gibt.

Touristeninformation in Danzig
Regionale Touristeninformation: Pomorskie Centrum Informacji Turystycznej, Wały Jagiellońskie 2-A, 80-887 Gdańsk, Tel. 58 732 70 41, http://pomorskie.travel/de, tgl. 9–18 Uhr. Infos für Danzig und Umgebung im Hohen Tor.

Städtische Touristeninformation: Gdańskie Centrum Informacji Turystycznej, Długi Targ 28–29, 80-830 Gdańsk, Tel. 58 301 43 55, www.gdansk.pl und www.gdansk4U.pl, Mo–Sa 9–17, So 9–16, im Sommer bis 19 Uhr. Im Rokoko-Stil eingerichtete In-

Touristenkarte (Karta Turysty): Die Karte beinhaltet Ermäßigungen in etwa 200 Einrichtungen der Dreistadt, u. a. in Einkaufsläden und Restaurants. Die Grundkarte kostet 3,50 € und ist elektronisch aufladbar mit einem Ticket für Besichtigungen und einem für Verkehr. Das **Verkehrsticket** (24 Std. 8,50 €, 72 Std. 13,50 €) berechtigt zur freien Nutzung der öffentlichen Verkehrsmittel, das **Besichtigungsticket** (24 Std. 9,50 €, 72 Std. 12 €) zum freien Eintritt in mehr als 20 Museen und in den Zoo. Die Karte wird in allen Touristeninformationszentren der Stadt, aber auch am Bahnhof und am Flughafen verkauft. Infos: www.gdansk4u.pl/de/touristenkarte.

Audio-Guide Gdańsk: www.audioguidegdansk.pl, Leihgebühr 6 Std. 4,50 €. Anhand von ca. 40 Touren erkundet man Danzig mit dem Kopfhörer oder lädt den Audio Guide auf sein Smartphone.

fo-Stelle mit Verkauf von Audio-Guides und Touristenkarte (s. o.). Filialen am Flughafen und im Tunnel des Hauptbahnhofs.

Touristeninformation PTTK: ul. Długa 45, 80-827 Gdańsk, Tel. 58 301 91 51, www.pttk-gdansk.pl, tgl. 9–18, im Winter Sa/So nur bis 16 Uhr. Private, gut organisierte Infostelle am Ende der Langgasse.

Touristeninformation Flughafen: Tel. 58 348 13 68, www.de.gdansk.gda.pl, Mo–Fr 8–16, Sa 9–17, So 9–14 Uhr.

Kulturinformation: ul. Długi Targ 39/40, Tel. 58 301 20 16, www.ikm.gda.pl, Mo–Fr 10–18, Sa, So 12–16 Uhr. Infos zu Kultur-Events in der Stadt mit Bibliothek und gemütlicher Sitzecke.

Touristeninfo Sopot: s. S. 65
Touristeninfo Gdynia: s. S. 73

Internet

In fast allen Hotels, aber auch vielen Cafés und Restaurants gibt es Gratis-WLAN. Auf der Website www.gdansk wifi.pl werden über 70 Gratis-Hotspots angezeigt. Man findet sie z. B. auf der ul. Długa, dem Długi Targ, der Mottlaupromenade Długie Pobrzeże, dem Targ Węglowy sowie auf den Straßen Grobla I und II. An Sehenswürdigkeiten angebrachte QR-Codes lassen sich mit dem Handy scannen, um Infos abzurufen. Länderkennung: pl

www.polen.travel/de: Die Website des Polnischen Fremdenverkehrsamtes in Berlin und Wien ist übersichtlich gegliedert und bietet neben neuesten Nachrichten eine Kurzbeschreibung touristisch wichtiger Orte, Adressen für die Reiseplanung und Tipps für Aktivurlauber.

www.inyourpocket.com/poland/ gdansk: In der Onlineversion der gleichnamigen Stadtzeitschrift werden Hotels, Restaurants und Kneipen treffend, oft auch ironisch kommentiert.

www.gdansk-life.com: Hier werden Hotels und Ausgehadressen vorgestellt, dazu gibt es Hinweise auf die Veranstaltungen der nächsten Wochen. Mit einer englischen Sprachversion.

www.gdansk.gda.pl und **www. gdansk4u.pl:** Von der Stadt Danzig erstellte Websites mit Infos zu Sehenswürdigkeiten und Aktivitäten, einem interaktiven Stadtplan und Panoramabildern.

Der Umwelt zuliebe – nachhaltig reisen

Die Umwelt schützen, die lokale Wirtschaft fördern, intensive Begegnungen ermöglichen, voneinander lernen – nachhaltiger Tourismus übernimmt Verantwortung fur Umwelt und Gesellschaft. Die folgenden Webseiten geben einige Tipps, wie man seine Reise nachhaltig gestalten kann, und bieten Hinweise auf entsprechende Reiseangebote in der ganzen Welt.

www.forumandersreisen.de: Die 150 Reiseveranstalter des Forum Anders Reisen bieten ungewöhnliche Reisen weltweit, Nachhaltigkeit wird durch einen gemeinsamen Kriterienkatalog gewährleistet.

www.sympathiemagazin.de: Länderhefte mit Infos zu Alltagsleben, Politik, Kultur und Wirtschaft sowie Themenhefte zu den verschiedenen Weltregionen, zu Umwelt, Kinderrechten und Globalisierung.

www.zukunft-reisen.de: Das Portal des Vereins Ökologischer Tourismus in Europa erklärt, wie man ohne Verzicht umweltverträglich und sozial verantwortlich reisen kann.

Gdańsk nachhaltig: Auf Slow Food, d. h. saisonale Zutaten aus der Region setzen v. a. die Veggie-Ketten Green Way und Bioway (s. S. 99). Unter **www.happy cow.net** Stichwort ›Gdansk‹ finden Sie weitere Adressen von Restaurants, Bio-Bäckereien (Eko-Pierkarnia) und -Läden. In Polen ist das Umweltbewusstsein wenig ausgeprägt – ohne nennenswerten Protest entsteht westlich Danzig ein Atomkraftwerk.

Performances für Passanten – das Theater im Fenster

www.trojmiasto.pl: Hier wird die Dreistadt (Trójmiasto) mit Nachrichten, Veranstaltungen und neuen Projekten vorgestellt (bisher leider nur auf Polnisch).

www.forum.danzig.de: Im Mittelpunkt des gut besuchten Forums stehen Erfahrungsberichte ehemaliger Danziger und das historische Danzig.

www.danzig-online.pl/index3. html: Alte Postkarten und Bilder sowie eine umfangreiche Linksammlung.

www.sopot.pl: Sopot, der Badeort der Dreistadt, stellt sich auf dieser Seite in allen Facetten vor. Mit interessanter Bildergalerie.

www.gdyniaturystyczna.pl: Gdynias attraktive Website mit Veranstaltungskalender und Infos zu Ausflügen in die Kaschubei.

Kinder

Urlaub mit Kindern in Danzig geht hervorragend: Auf das Sightseeing folgt das Strandvergnügen.

Am Weg

Viel Spaß verspricht die **Bonbonmanufaktur Ciuciu** in der Langgasse (ul. Długa 64, www.ciuciu.pl). Gemäß einer Formel aus dem 17. Jh. werden vor den Augen der Kunden aus Zuckermasse Bonbons geknetet und gedreht, gerollt und geschnitten. Natürlich krönt der Kauf eines quitschbunten Riesen-Lolli die Schau! Ein weiterer Halt lohnt ein paar Schritte weiter: Im **Theater im Fenster** werden für die Passanten Performances gezeigt (Teatr w Oknie, ul. Długa 50/51). In der ul. Piwna 19/21 wartet die **Puppengalerie** mit nostalgischem Spielzeug auf (Galerija Starych Zabawek, S. 43), am **Wasserspiel der vier Löwen** können sich Kinder im Sommer erfrischen (s. S. 4/5).

Baden

In den Monaten Juli und August werden an den Stränden von **Brzeźno, Sopot** und **Gdynia** Trampoline, Aufblasburgen und Wasserrutschen aufgestellt. Ist es kühl oder die See zu stürmisch, weicht man in den **Aquapark Sopot** aus: mit künstlichem Wildwasserfluss, Stromschnellen und Fontänen (Zamkowa Góra 3–5, Sopot, Tel. 58 555 85 23, www.aquaparksopot.pl, SKM-Zug: Haltestelle Sopot Kamienny Potok, tgl. 8–22 Uhr, Eintritt 14 €/Kinder 12 €).

Bootsausflüge

Beliebt sind die Touren auf **Piratenschiffen,** die an der Mottlau-Promenade starten. Preiswerter sind Ausflüge mit der **Wasserstraßenbahn.**

Tiere

Polens schönster **Zoo** liegt in Oliwa und bietet auf einem riesigen, durch Bimmelbahn erschlossenen Park die ganze Artenvielfalt der Kontinente – vom Zwergäffchen über den zotteligen Wisent bis zu Löwe und Elefant. Es gibt auch einen Streichelzoo mit Kaninchen, Ziege und Esel (s. S. 62). Wenn es Wassertiere sein sollen, geht man ins **Aquarium** von Gdynia, wo Fische aller Meere bestaunt werden können (s. S. 71).

Mitmachmuseen

Im historischen Speicher **Zum Blauen Lamm** wird Kindern Danzigs Geschichte näher gebracht – inkl. Gerüche und Geräusche. Sie passieren Werkstätten von anno dazumal, ein mittelalterliches Badehaus und ein alchemistisches Labor (s. S. 74). Im **Hewelianum,** einem

Fort auf einem Hügel hinter dem Hauptbahnhof, wird man in einer »Zeitmaschine« gleichfalls in die Vergangenheit katapultiert; in der Ausstellung »Energie, Himmel und Sonne« in die Weiten des Universums (s. S. 75). Ums nasse Element dreht sich alles im **Zentrum für Maritime Kultur.** Kinder können Schiffe mithilfe der Sterne lenken und ein Echolot ausprobieren, einen Tsunami erzeugen oder in die Haut eines Piraten schlüpfen (s. S. 45). Noch mehr interaktive Stationen zum Ausprobieren und Kräftemessen bietet das **Experyment** im Wissenschafts- und Technologiepark von Gdynia (s. S. 72).

Preise

In Museen, Kinos und Theatern sowie in öffentlichen Verkehrsmitteln zahlen Kinder meist nur die Hälfte der ohnehin schon niedrigen Eintrittspreise.

Klima und Reisezeit

Das Klima in der Dreistadt unterscheidet sich nicht wesentlich von dem in

Klimadiagramm Danzig

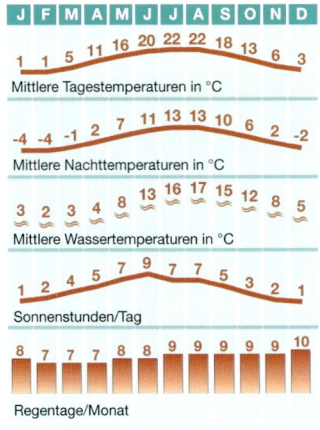

Nordeutschland. Fürs Reisen besonders zu empfehlen sind die Monate Mai bis September, wenn die Biergärten öffnen und Schiffsausflüge möglich sind. Die Badesaison dauert von Juni bis September, die Wassertemperatur beträgt dann 18–23 °C. Ab Mitte Oktober, wenn es kühl wird, kommen weniger Besucher. Dann teilt man sich die Sehenswürdigkeiten mit wenigen Gleichgesinnten und kommt in den Genuss günstiger Unterkünfte. Gelockt werden Gäste auch mit niedrigen Preisen für Wellness in Sopots ganzjährig geöffneten Komforthotels.

Öffnungszeiten

Es gibt in Polen keine gesetzlich festgelegten Ladenschlusszeiten. Viele Geschäfte sind auch am Sonntag geöffnet, einige sogar rund um die Uhr.
Geschäfte: Mo–Fr 9–18, Sa 9–13 Uhr; größere Läden und Einkaufszentren sind bis bis 20 oder 22 Uhr geöffnet, meist auch Sa/So.
Banken: Mo–Fr 9–18 Uhr
Museen: Montags meistens geschlossen
Post: Die Post in der ul. Długa 23–28 ist täglich rund um die Uhr geöffnet.

Sicherheit und Notfälle

Es empfiehlt sich, stets nur bewachte Parkplätze zu benutzen. Als Fußgänger fühlt man sich in Danzig so sicher wie in Berlin oder Paris, hier wie dort ist freilich am Bahnhof, im Bus und in der Straßenbahn, also dort, wo sich Menschen drängen, Vorsicht geboten.

Zentrale Notrufnummer
Polizei, Feuerwehr, Ambulanz: Tel. 112

Bei Verlust oder Diebstahl der Bank-, Kredit- oder Handykarte sollte man diese umgehend sperren lassen. In Deutschland gilt die einheitliche Sperrnummer 0049 116 116 für alle Kredit-, Bank- und Handykarten. Österreicher und Schweizer müssen vor der Reise bei ihrer Bank die jeweilige Sperrnummer erfragen.

Gehen Personalpapiere verloren, kann für schnellen Ersatz gesorgt werden, wenn Registriernummer, Ausstellungsbehörde und -datum bekannt sind. Es empfiehlt sich deshalb, vor Antritt der Reise von den entsprechenden Seiten des Personalausweises bzw. Passes Kopien anzufertigen und sie getrennt vom Original mitzunehmen. Die Konsularabteilung der Botschaft stellt die Ersatzpapiere aus. Dazu müssen vorgelegt werden: zwei Passbilder und eine durch die örtliche Polizeibehörde ausgestellte Verlustbestätigung.

Deutsches Generalkonsulat in Danzig: al. Zwycięstwa 23 (Gdańsk-Wrzeszcz), Tel. 58 340 65 00, www.danzig.diplo.de
Österreichisches Honorarkonsulat in Danzig: ul. Stagiewna 5/2, Tel. 58 769 36 36, www.bmeia.gv.at
Schweizer Botschaft in Warschau: al. Ujazdowskie 27, Tel. 22 628 04 81, www.eda.admin.ch/warsaw

Rauchen und Trinken

In Polen gilt ein Rauchverbot in allen öffentlichen Räumen – nur wenige Orte sind noch als Raucherplätze gekennzeichnet! In der warmen Jahreszeit zieht es Raucher auf die Terrassen.

Der Konsum von Alkohol ist auf öffentlichen Straßen und Plätzen sowie in Parkanlagen verboten. Dies gilt auch beim Besuch von Festen und Konzerten. Bei Missachtung des Verbots drohen Strafen von bis zu 100 €.

Reisen mit Handicap

Mehrere Komforthotels bieten behindertenfreundliche Zimmer mit extrabreiten Türen, unterfahrbaren Waschbecken und Toiletten mit Stützen (u. a. Radisson, Mera Spa, Sheraton).

Barrierefrei sind alle neuen Museen (s. S. 44, 52, 56), die Langgasse, der Lange Markt und die Mottlau-Promenade. Gut gerüstet ist Sopot mit einer kilometerlangen, befahrbaren Promenade.

Infos in Deutschland: www.bsk-ev. org, in Polen www.integracja.org.

Sport und Aktivitäten

Baden

Wenige europäische Großstädte bieten so herrliche Strände wie Danzig. Westlich der Mottlaumündung, in Brzeźno, beginnt der Reigen der Strände, die sich 17 km bis Gdynia erstrecken: weiß und puderfein, vielerorts durch einen Grüngürtel vom Hinterland abgeschirmt.

Östlich der Mottlaumündung gibt es in Stogi einen FKK-Abschnitt – eine Rarität im katholischen Polen!

Noch weiter östlich lockt die von Weichselarmen umflossene Insel So-bieszewo gleichfalls mit kilometerlangen Sandstränden. Kleine Warnung: Im Hochsommer sind die Strände rappelvoll!

Brzeźno (Brösen): An Danzigs ›Hausstrand‹ mit einer Seebrücke startet eine schattige Promenade für Fußgänger, Biker und Skater, die 10 km bis Sopot reicht. Hinter dem Strand liegt ein großer Park (Anfahrt ab Zentrum mit Tram 3, Haltestelle Brzeźno).

Jelitkowo (Glettkau): schließt sich nahtlos an Brzeźno an (Anfahrt mit Tram 2, 6, 8, Haltestelle Jelitkowo).

Sopot (Zoppot): Der kilometerlange Paradestrand wird landeinwärts von einer mondänen Kulisse flankiert und geht ostwärts in eine wilde, naturgeschützte Küste über (s. S. 67).

Orłowo/Redłowo (Adlerhorst/Redlauer Kämpe): Der schmalere Strand verläuft am Fuß bewaldeter Klippen – ein fantastisch wilder Flecken (mit SKM-Shuttle bis zum Bahnhof Gdynia Orłowo, dann auf der ul. Orłowska; Anfahrt ab Sopot: Bus 31).

Gdynia (Gdingen): Auf dem Hausstrand (Plaża Śródmieście) nehmen Beach-Volleyball und ein Kinderspielplatz viel Raum ein. Ein naturgeschützter Strand startet südlich der Promenade und erstreckt sich 5 km bis Redłowo (s. S. 70).

Stogi (Heubude): Der 6 km östlich des Zentrums gelegene Strand ist durch einen bewaldeten Dünengürtel von den dahinterliegenden Plattenbausiedlungen getrennt. Zwar ist er durch einen neuen Container-Terminal im Westen arg beschnitten, doch in Richtung Osten bietet sich ein schöner Blick auf die Tote Weichsel (www.plazastogi.pl, Anfahrt ab Danzig Zentrum: Tram 8 bis Plaża Stogi oder per Wasserstraßenbahn).

Sobieszewo (Bohnsack): Die Insel wird von einem 10 km langen Strand gesäumt (Bus 112 ab Hauptbahnhof).

Bootsausflüge

Danzig liegt am Wasser, deshalb kann man zu vielen Schiffstouren aufbrechen. Die zentralen Anlegestellen befinden sich an der Mottlau-Promenade, am Grünen Tor (Brama Zielona) und am Fischmarkt (Targ Rybny). Die Schiffe verkehren im Mai und September am Wochenende, von Juni bis August zusätzlich werktags.

Mit der **Mini-Fähre des Zentrums für Maritime Kultur** können Sie im 15-Minuten-Takt vom Krantor zur gegenüberliegenden Bleihofinsel übersetzen (Mai–Sept. Di–So 10–16 Uhr, gratis für Museumsbesucher, sonst 0,50 €).

An der Mottlau-Promenade startet auch die **Wasser-Straßenbahn** (tram wajwodny, einfache Strecke ab 2,50 €; Radmitnahme möglich). Nordwärts fährt sie zur Festung Weichselmünde, zur Westerplatte, zum Leuchtturm in Nowy Port und weiter nach Sopot, Gdynia und Hel; ostwärts zum Strand von Stogi.

Fast die gleichen Ziele bedienen auch die **Ausflugsschiffe der Żegluga Gdańska** (www.zegluga.pl, Ticket zur Westerplatte hin und zurück 12 €, Kinder bis 8 Jahre gratis). Etwa ebenso viel zahlt man für einen Ausflug im **Piratenschiff** (Statek Pirat, 15. Juni–31. Aug.).

Wer lieber selbst zum Paddel greift, kann Danzig im **Kajak** bzw. **Kanu** erkunden, auf Wunsch stunden- bzw. tageweise, mit und ohne Führer; eine preiswerte Verleihstelle finden Sie an der Anlegestelle der Alten Vorstadt, wenige Gehminuten südlich der Rechtstadt (Kayak Żabi Kruk, ul. Żabi Kruk 15, Tel. 58 305 73 10, www.kajakiempogdansku.pl, ab Mitte April–Ende Sept. tgl. 10–18 Uhr).

Fußball

Polens schönstes Stadion, die PGE-Arena, ist in Form und Farbe einem riesigen Bernstein nachempfunden. Es wurde 2012 für die Fußball-Europameisterschaft erbaut, liegt 5 km nördlich des Zentrums und fasst 42 000 Zuschauer. Bespielt wird es heute vom Danziger Verein Lechia Gdańsk. Angeschlossen sind Squash Courts, eine Laser Paintball Arena und ein Go-Kart-Track. PGE Arena, ul. Pokoleń Lechii Gdańsk, Letnica, www.pgearena.gdansk.pl.

Radfahren

In der Stadt werden immer mehr Radwege angelegt, der schönste führt in 10 km vom Leuchtturm in Nowy Port über Brzeźno bis zum Nordende von Sopot. Eine Tagesmiete beträgt ca. 12 € (plus Kaution ca. 50 €). Zentral liegt die Verleihstation für City- und Mountainbikes in der Altstadt, wenige Schritte südlich der Großen Wassermühle: Nie Dotyczy Rowerów, ul. Młyńska Lokal 14, Mobiltel. 603 76 20 82, www.niedotyczyrowerow.pl, tgl. 9–19 Uhr. Auf der Promenade in Sopot bekommt man Räder unkompliziert über www.nextbike.pl.

Skaten und Joggen

Die schönsten Strecken sind die Meerespromenaden von Sopot bis Nowy Port (s. Radfahren) und von Gdynia.

Telefon und Internet

Telefon: Alle Telefonnummern bestehen aus neun Ziffern, der zweistelligen integrierten Ortskennzahl und der siebenstelligen Anschlussnummer. Für Gespräche an den Kabinen von Telekomunikacja Polska (tp) kauft man Telefonkarten *(karty telefoniczne)* an der Hotelrezeption oder am Kiosk.

Handy: Mobiltelefonnummern sind neunstellig und beginnen meist mit 5, 6 oder 7. Beim heimischen Anbieter er-

hält man Infos über die derzeit günstigsten Netze in Polen. Seit 2007 begrenzt die EU schrittweise die Roaming-Gebühren innerhalb der Gemeinschaft.
Vorwahl: Von Deutschland, Österreich und der Schweiz nach Krakau wählt man die Vorwahl 0048 12; von Krakau wählt man nach Deutschland 0049, nach Österreich 0043, in die Schweiz 0041.
Internet: Die meisten Hotels und Cafés der Dreistadt bieten kostenloses WLAN.

Unterwegs in Danzig und in der Dreistadt

Die Dreistadt ist mit öffentlichen Verkehrsmitteln bestens erschlossen. Am einfachsten und schnellsten kommt man mit dem **Nahverkehrszug SKM** voran (www.skm.pl). Dieser verkehrt von 4 bis 24 Uhr alle 10–20 Min. zwischen Danzig, Wrzeszcz, Oliwa, Sopot und Gdynia mit Weiterfahrt in Richtung Lębork. Weitere Linien sind in Planung. Der Fahrpreis richtet sich nach der Anzahl der Haltestellen. Kinder unter 4 Jahren reisen gratis, benötigen aber ein Null-Złoty-Ticket (!). Die Karten bekommt man am Schalter oder am Automaten auf dem Bahnsteig, wo sie auch entwertet werden. Fahrräder werden kostenlos in einem speziell dafür vorgesehen Abteil befördert. Das Bussystem ist kompliziert, leichter durchschaubar ist der Verlauf der Straßenbahnlinien (www.ztm.gda.pl). Fahrkarten für **Bus** (autobus) und **Straßenbahn** (tramwaj) erhält man am Kiosk oder Automaten, beim Fahrer nur gegen Aufpreis. Beim Einsteigen sind die Karten zu entwerten. Mit einem in Gdańsk gekauften Ticket kann man nach Sopot, aber nicht nach Gdynia fahren. SKM-Züge fahren bis etwa 1 Uhr nachts, Straßenbahnen nur bis etwa 22.30 Uhr, doch es gibt auch Nachtbusse (nocne autobusy). Al-

Sightseeing auf vielerlei Art
In der Danziger Recht- und Altstadt bewegt man sich am besten zu Fuß. Bei der Städtischen Touristeninfo am Langen Markt starten mittags um 12 Uhr deutschsprachige **Führungen.** Wer eine individuelle Tour bevorzugt, lässt sich einen lizensierten Führer vermitteln (auch möglich über www.citytour gdansk.pl). Alternativ kann man sich z. B. zum Preis von 4,50 € für 6 Std. den **Audio Guide Gdańsk** ausleihen. Man hat die Wahl zwischen mehr als 20 Touren, über Kopfhörer werden die Sehenswürdigkeiten ausführlich vorgestellt (Infos: www.audioguide.com.pl). Weitere **Ausflüge** in und um Danzig organisiert der Veranstalter Tours in Gdańsk, www.szczyptaswiata.com.pl.
Rundfahrten im Elektro-Meleks bucht man am besten über www.city-tourgdansk.pl, 1 Std. 45 € für max. 5 Pers.

len, die viel unterwegs sein möchten, sei der Kauf einer 24-Std.-Karte empfohlen, vielleicht auch einer **Touristenkarte** (karta turysty) in Verbindung mit dem **Verkehrsticket** (s. S. 20).
Taxi: Seit Jahren zuverlässig und relativ preiswert ist Taxi Neptun Tel. 196 86, teurer nachts und Sa 22 bis Mo 6 Uhr. Eine **Wasserstraßenbahn** (tramwaj wodny) verkehrt von etwa Mitte Mai bis Mitte Sept. auf den Strecken Danzig–Hel (1.50 Std.), Danzig–Nowy Port–Sopot (1.45 Std.), Sopot–Hel (1.30 Std.) und Gdynia–Hel (1 Std.). Infos: http://komunikacja.trojmiasto.pl/tram wajwodny.php.
www.ztm.gda.pl: Auf dieser Website bündeln die Verkehrsbetriebe der Dreistadt alle Fahrplan-Infos und Ticketpreise zu Verbindungen mit Bus, Tram, Stadtzug SKM und Wasserstraßenbahn.

15 x Danzig direkt erleben

So schön waren sie nie! Danzigs Recht- und Altstadt wurde liebevoll restauriert, Sopot stieg auf zum mondänsten Seebad der polnischen Ostsee, Gdynia zur schicken Hafen-City. Eine Vielzahl neuer Eindrücke erwartet Sie – alle haben mit der langen maritimen Tradition zu tun. Bummeln Sie durch historische Gassen, schnuppern Sie Seeluft und erkunden Sie die herrlichen Strände der Dreistadt!

1 | Das Herz der Rechtstadt – Langgasse und Langer Markt

Karte: ▶ B–C 6 | **Anfahrt:** SKM, Tram 2, 3, 6: Brama Wyżynna

Wie im Märchen: Erst passiert man drei Tore, dann kommt man auf eine Prachtmeile, die zu einem langen Markt führt. Dieser ist ringsum von pastellfarbenen Patrizierhäusern gesäumt, eines schöner als das andere. Der Artushof, das Goldene Haus und der Neptunbrunnen geben Einblick in eine Epoche, in der Danzig die Metropole der Ostsee war.

Durch vier Tore sollst Du gehen …

Das **Hohe Tor** 1 (Brama Wyżynna) anno 1588 macht seinem Namen alle Ehre. Mit seinen Säulen erinnert es an einen Triumphbogen, was durch drei Wappen unterstrichen wird: Das polnische in der Mitte wird von Engeln gehalten, das Danziger von Löwen und das Königlich-Preußische von Einhörnern. Ein lateinischer Schriftzug mahnt:

»Gerechtigkeit und Frömmigkeit bilden das Fundament der Herrschaft«. Die Danziger machten sich ihren eigenen Reim drauf und lasen den zweiten Teil *(regno-rum omnium fundamenta)* als »Rum ist das Fundament aller Dinge«. Die Einfahrt in der Mitte war Kutschen vorbehalten, Fußgänger schritten durch die kleineren Seitentore in die Stadt – heute treten Sie ein, wie es Ihnen beliebt. Und auch das Innere des Torhauses können Sie kennen lernen, denn hier befindet sich die Touristeninfo für die Region Pommern.

Ein paar Schritte weiter tut sich das nächste Tor auf: Der **Stockturm** und die **Peinkammer** 2 sind durch meterdicke Mauern zu einer eindrucksvollen Festungsanlage verbunden (Wieża Więzienna i Katownia). Die Namen deuten es an, doch auch die abweisende Backsteinfassade macht klar, dass hier wenig Freundliches geschah. Im Stockturm tagte bis 1861 das Gericht, und auch das Gefängnis war hier untergebracht. Heute ist aller Schrecken verbannt. Ein **Bernsteinmuseum** zog in die Räume ein, das in die Geheimnisse des schillernden Stoffs einweiht (s. S. 36).

Eine Augenweide ist das **Goldene Tor 3** (Złota Brama), in deutscher Zeit Langgässer Tor genannt. 1614 wurde es – analog zum Hohen Tor – als Triumphbogen konzipiert. Es trägt gleichfalls die unverkennbare Handschrift der flämischen Familie van den Blocke. Mit seinen Arkaden, Säulen und dem glänzenden Zierat wirkt es luftig und elegant. In deutschen Goldlettern wird über dem Eingangsbogen verkündet: »Es müsse wohlergehen denen, die dich lieben – Es müsse Friede sein inwendig in deinen Mauern und Glück in deinen Pälasten«. Die acht das Tor krönenden Frauenfiguren verkörpern die lichte Seite von Herrschaft. Es sind Allegorien von Frieden und Freiheit, Reichtum und Ruhm; Weisheit und Gottvertrauen, Gerechtigkeit und Eintracht.

Langgasse – schauen und staunen

Kaum haben Sie das Goldene Tor passiert, nimmt Sie die **Langgasse 4** auf (ul. Długa). Lang ist sie schon, aber eine schlichte Gasse ist sie nicht. Sie präsentiert sich als Danzigs Prachtmeile, eine mit hellem Stein ausgelegte Fußgängerstraße, beiderseits von Kaufmannshäusern flankiert. Diese sind schmal, weil hier schon im Mittelalter Wucherpreise für Grund und Boden verlangt wurden. Statt in die Breite wurde in die Höhe gebaut – fünf Stockwerke sind keine Seltenheit. Der Reichtum der einstigen Besitzer spiegelt sich in den aufwändig gestalteten Fassaden. Lassen Sie Ihren Blick über die Häuser schweifen, sehen Sie Reliefs und Skulpturen zarter Nymphen, vollbusiger Meeresgöttinnen und exotischer Paradiesvögel.

Um sich eine Vorstellung davon zu machen, wie es einst hinter den Fassaden zuging, empfiehlt sich ein Besuch im **Uphagenhaus 5** (Dom Uphagena). 1775 erwarb es der gleichnamige Kaufmann, der es zu einer schönen Residenz ausbauen ließ. Von der Diele bis zum Salon wurden die Räume nach historischen Bildern im Maßstab 1:1 nachgebaut, wobei auf originale Materialien zurückgegriffen wurde. Gleichfalls lohnt eine Stippvisite in der mit einem blauen Glasgewölbe aufwartenden **Post 6** (Poczta, Nr. 22).

Ein paar Schritte weiter gefällt das **Ferberhaus 7** (Dom Ferberów, Nr. 28) mit seiner Renaissance-Fassade. Die Ferbers, die hier 300 Jahre lebten, stellten fünf Bürgermeister, zwei Pfarrer und einen Bischof. Schräg gegenüber (Nr. 77) zeigt das Café Ferber überlebensgroße Porträts zweier ihrer Vertreter anno 1598 (s. Bild S. 60).

Nicht minder einflussreich war eine weitere Dynastie, die Sie im **Schuhmannhaus 8** besuchen können (Dom Schumannów, Nr. 45). Die dunkle Holzeinrichtung im heutigen PTTK-Infobüro führt Danziger Stil anno dazumal vor. Gegenüber dem Schuhmannshaus führt eine Freitreppe zum **Rechtstädtischen Rathaus 9**, dem die zweite Tour gewidmet ist (s. S. 34).

Langer Markt – Danzigs gute Stube

Nach insgesamt 400 m weitet sich die Langgasse zum **Langen Markt 10** (Długi Targ), wo das Herz der Rechtstadt schlägt. Mittendrin im bunten Tohuwabohu von Terrassencafés, Souvenirverkäufern und Straßenmusikern behauptet sich am **Neptunbrunnen 11** (Fontanna Neptuna) der Meeresgott: ein kraftvoller Mann mit Dreizack, umsprüht von Gischtfahnen, die possierliche Putten ausspucken. 1633 geschaf-

Damals wie heute ein Ort für Festlichkeiten: der Artushof

fen, symbolisiert er Danzigs enge Verbindung zum Meer.

Nicht zufällig erhebt sich direkt dahinter der **Artushof** 12 (Dwór Artusa). Hier besiegelten reiche Kaufleute gute Geschäfte mit einem Festmahl – wie einst König Artur am legendären runden Tisch. Ab 1742 diente der Artushof als Börse. Heute sind wieder Feste angesagt: Danziger Gäste mit Rang und Namen werden hier mit viel Gloria empfangen. Großartig ist die helle, von hohen Fenstern durchschnittene Fassade, auf deren Attika Fortuna, die Göttin des Glücks thront. Doch auch auf Augenhöhe grüßt ein anmutiger Gott: der geflügelte Merkur, Schutzherr der Kaufleute. Noch großartiger präsentiert sich der Artushof von innen: Der Festsaal wird von Fächergewölben überspannt, die auf Granitsäulen ruhen. Zum beschwingten Eindruck tragen die durch den Raum schwebenden Schiffsmodel-

le bei, die an unsichtbaren Fäden hängen. Kurios ist ein elf Meter hoher Ofen, der mit 520 handbemalten Kacheln verkleidet ist. Ob Sie jene entdecken, auf der ein Spaßvogel sein Hinterteil entblößt? Ein Portal bietet Zugang zur Danziger Diele mit gedrechselter Wendeltreppe, Kamin und bemalter Decke.

Zum Langen Markt öffnet sich dreimal am Tag ein Giebelfenster und es erscheint ein trauriges **»Mädchen im Fenster«:** Es erinnert an Hedwig, die hier im 17. Jh. von ihrem Onkel gefangen gehalten wurde, damit kein anderer Mann sähe, wie schön sie sei.

Sehr eigen war auch Bürgermeister Speymann, der sich unverblümt im benachbarten **Goldenen Haus** 13 (Złota Kamienica) feiert: Vom Papst zum goldenen Ritter geschlagen, ließ er sein Haus 1609 vom Danziger Stararchitekten Abraham van den Blocke mit viel Blattgold aufpolieren.

Mehrere Häuser am Markt können von innen besichtigt werden. Die Touristeninfo beeindruckt mit viel Rokoko (Nr. 28) und der Goldwasser Coffee Shop mit Danziger Likören (Nr. 29); in der Bernsteingalerie werden kuriose Tricks vorgeführt (Nr. 16), das Radisson Blu zeigt, wie großartig sich Altes und Neues verbinden lässt (Nr. 19).

Das kleine **Museum Freistadt Danzig** (Strefa Historyczna Wolne Miasto Gdańsk) erinnert mit originalen Stücken an die Jahre 1920–1939, als Danzig mehrheitlich von Deutschen bewohnt war. Nebenan ehrt ein unscheinbares Thermometer einen weiteren deutschen Danziger: Nach der Skala von Daniel Gabriel Fahrenheit (1686–1736) wird noch heute in der angelsächsischen Welt die Temperatur gemessen.

Wie der Königsweg betreten wurde, so wird er auch verlassen. Man durchschreitet das monumentale **Grüne Tor** (Brama Zielona), 1568 als königliche Residenz konzipiert. Kein Monarch hat im Backsteinbau genächtigt, doch Lech Wałęsa, einst Gewerkschaftsführer und polnischer Präsident, unterhält heute hier sein Büro. Besuchen können Sie ihn nicht, wohl aber die im Grünen Tor untergebrachte Galerie des Nationalmuseums, die hier alte und neue Meister zeigt.

Öffnungszeiten und Infos

Stockturm & Peinkammer : s. S. 37

Uphagenhaus : ul. Długa 12, www.mhmg.pl, Di 10–15, Mi–Sa 10–16, So 11–16 Uhr, 15. Juni–15. Sept. Mo 10–15, Di–Sa 10–18, So 11–18 Uhr, 2,50 €

Artushof (mit Danziger Diele) : Długi Targ 43-44, www.mhmg.pl, Di 10–13, Mi–Sa 10–16, So 11–16 Uhr, 15. Juni–15. Sept.: Mo 10–15, Di–Sa 10–18, So 11–18 Uhr, 2,50 €. Das »Mädchen am Fenster« erscheint von Mai bis Sept. um 13, 15 und 17 Uhr

Museum Freistadt Danzig : Długi Targ 25/27, Di–So 12–17 Uhr, Eintritt 2 € (Museumsführer in Deutsch)

Grünes Tor/Galerie des Nationalmuseums : Długi Targ 24, www.mng.gda.pl, Di–So 10–17 Uhr, 2 €

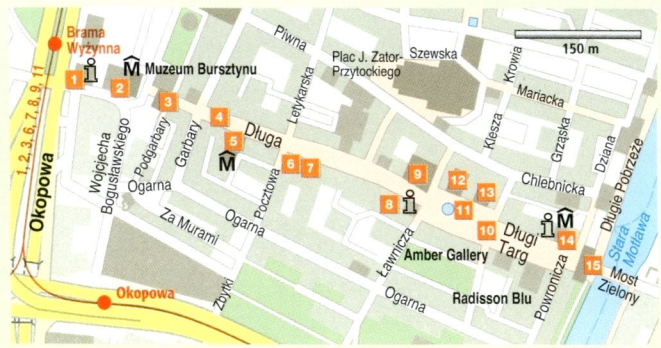

2 | Schaltzentrale einer Ostseemacht – das Rechtstädtische Rathaus

Karte: ► C 6 | **Anfahrt:** SKM, Tram 2, 3, 6: Brama Wyżynna

Kein anderes Gebäude verkörpert Danzigs Glanz und Größe so eindrucksvoll: Zu sehen sind Säle mit Goldstuck, Damast an Decke und Wand, Roter und Weißer Saal, Gemälde flämischer Meister. Ein Spaziergang durch das Haus ist eine Zeitreise in Danzigs Geschichte – von der Fischersiedlung bis zur Zerstörung im Zweiten Weltkrieg.

Mit seiner Schaufassade, den Ecktürmchen und Blendarkaden, vor allem aber mit seinem hoch aufschießenden Turm ist das Rechtstädtische Rathaus (Ratusz Głównego Miasta) der Blickfang der Langgasse. 1327 wurde mit dem Bau begonnen, abgeschlossen wurde er in Danzigs Glanzzeit, dem 16. Jh. – Gotik und Renaissance wunderbar vereint!

Opulente Interieurs …

Eine Treppe führt hinauf zum **Haupt-portal**, das vom steingemeißelten Danziger Wappen gekrönt wird. Unter der Balustrade der Freitreppe versteckt sich eine geheimnisvolle kleine Tür, die nicht etwa zum Kohlenkeller führt, sondern zur Ernüchterungszelle!

Wählen Sie den oberen Eingang, befinden Sie sich sogleich in der **Diele** mit einer kunstvollen Wendeltreppe. Von dort gelangen Sie in den ersten Stock mit dem **Roten Saal,** dem schönsten Raum des Rathauses. Seinen Namen verdankt er dem roten, die Wände und Bänke bespannenden Damast. Blickfang ist die Decke mit 25 in Goldrahmen eingefassten Gemälden, die die Stadtgeschichte glorifizieren. So üppig ist der Dekor, dass man meint, die Decke würde sich unter der Last biegen – die goldenen Zapfen, Trauben und Blüten scheinen geradezu herunterzutropfen!

Einen längeren Blick lohnt das Oval in der Mitte: Es zeigt einen Triumphbogen, auf dem Danzigs Panorama erscheint. An seinem Fuß stehen Kaufleute aus aller Herren Länder; polnische Adelige und Danziger Patrizier reichen sich die Hand, während Gottes Hände schützend die Spitze des Rathausturms umgreifen. Am Fuß des Bogens fließt die Weichsel: Auf ihr wurde polnisches Getreide verschifft, dessen Umschlag Danzig so viel Wohlstand brachte. Gemalt hat die Bilder Isaak van den Blocke 1609. Ebenso üppig ist der von zwei antiken Figuren gehaltene Kamin, auf dem Danzigs goldenes Löwenwappen thront.

Vom Roten Saal gelangen Sie in die **Winter-Ratsstube,** die dem Bürgermeister als Arbeitsraum diente. In der **Kleinen Wettstube** plante man die Umsetzung der Ratsbeschlüsse, in der **Großen Wettstube** (Weißer Saal) fanden Versammlungen der Ratsherren, Gerichtsverhandlungen und Königs-Audienzen statt.

Im zweiten Obergeschoss lohnt vor allem ein Blick in die **Kämmerei,** den Saal der Stadtkasse. Zu den wenigen hier geretteten Bildern gehört Anton Möllers »Zinsgroschen« von 1601. Der Maler hat die neutestamentarische Szene auf dem Langen Markt angesiedelt: In Sichtweite von Jesus stehen Danziger Ratsherren mit schwarzer Robe und steifer Halskrause. Nicht minder sehenswert sind die Räume, die anhand von Stichen und Dokumenten, Navigationsgeräten und Schiffsmodellen die Geschichte der Stadt nachzeichnen. Historische Fotos zeigen das kriegszerstörte Danzig 1945 und den Wiederaufbau.

Übrigens: Man stolpert über sie auf Schritt und Tritt. Die aus Flandern 1573 eingewanderte Familie van den Blocke brachte Stararchitekten und Künstler hervor, die der Rechtstadt ihren Stempel aufdrückten. Egidius van den Blocke erhielt – ebenso wie Abraham, Isaak und Wilhelm van den Blocke – in Danzig volle Bürgerrechte. Die Familie schuf u. a. das Hohe und das Goldene Tor, das Goldene Haus am Langen Markt, die Skulpturen für das Große Zeughaus und die 25 Deckengemälde im Prunksaal des Rathauses, Altäre, Gemälde und Grabtafeln in der Marienkirche, Johanniskirche uvm.

… und ein hoher Turm

Zum Abschluss empfiehlt sich der Aufstieg auf den mit der Goldfigur des polnischen Königs geschmückten Turm. Dem Monarchen verdankte die Stadt viele Privilegien, weshalb sie ihn auf die Spitze des Rathauses postierte. Überragt wird er von einer Kogge – eine Hommage an die vielen Danziger, die mit ihren oft abenteuerlichen Seefahrten zum Wohlstand der Stadt beitrugen. Von der 45 m hohen Aussichtsplattform bietet sich ein herrlicher Blick über die Gassen der Rechtstadt.

37 Glocken des Carillons geben zu jeder vollen Stunde eine schöne Melodie zum Besten, besonders schön und lang um 12 Uhr. Auch eine Sonnenuhr an der Ostseite des Turms verkündet die Zeit und mahnt mit einer lateinischen Aufschrift »Unsere Tage sind nichts als Schatten«.

Öffnungszeiten und Infos
Rechtstädtisches Rathaus:
ul. Długa 46/47,
www.mhmg.pl,

15. Juni–15. Sept. Mo 10–15,
Di–Sa 10–18, So 11–18 Uhr,
sonst Di 10–13, Mi–Sa 10–16,
So 11–16 Uhr, 2,50 €

3 | Im Reich des Bernsteins – das Museum im Stockturm

Karte: ▶ B 5/6 | **Anfahrt:** SKM, Tram 2, 3, 6: Brama Wyżynna

Das ›Gold der Ostsee‹ in allen Größen, Formen und Farben: roh und geschliffen, als Kunst- und Design-Objekt. Spektakulär sind in Bernstein eingeschlossene Kleintiere – viele Millionen Jahre ruhen sie in ihrem gläsernen Sarg. Aus dem Off ertönt Meeresrauschen, Harzduft erfüllt die Räume des einstigen Gefängnisses …

Metropole des Bernsteins

Das **Bernsteinmuseum** (Muzeum Bursztynu) zeigt auf fünf verwinkelten Etagen alles rund um den kostbaren Stoff. In den Räumen riecht es nach Harz, computergesteuerte Animationen zeigen die Entstehung von Bernstein sowie die Geschichte seiner Gewinnung und Verarbeitung. Vom Rohmaterial bis zum Kunstobjekt sind alle Varianten vereint. Da gibt es klaren Bernstein und solchen mit Einschlüssen, kleine und

große Stücke, in Farbschattierungen von Gold über Milchigweiß bis Dunkelbraun und Rot. Insgesamt sind 5000 Exponate zu sehen, u. a. 200 Dauerleihgaben aus der St. Petersburger Eremitage. Das teuerste Stück ist ein Bernsteinkabinett, signiert mit der Aufschrift »Danzig 28. Julius Ao 1724/ Johan George-Zernebach«.

Der Duft, der durch die Museumsräume weht, erinnert daran, dass der goldene Stoff kein Edelstein ist, sondern Harz, das vor Millionen von Jahren von Nadelbäumen getropft ist. Sein Duft lockte Insekten an, die sich in der klebrigen Substanz verfingen und in ihr erstarrten.

Im Verlauf von Millionen Jahren haben immer wieder Meere das Land überflutet, sodass der Bernstein im unterseeischen Schlick versank. In schwerem Sturm wird er ausgespült und an die Wasseroberfläche geschwemmt. Oft landet er am Strand, wo er von der

Brandung heimgeholt oder vorher von Spaziergängern entdeckt wird. Wer Bernstein findet, darf ihn behalten.

Das war nicht immer so: Unter der Herrschaft der mittelalterlichen Ordensritter waren die Küstenbewohner verpflichtet, Bernstein »zu sammeln, zu schöpfen, zu stechen und zu fischen«. Wer ihn heimlich behielt, wurde hingerichtet; zur abschreckenden Wirkung waren am Strand Galgen aufgestellt.

Heute wird Bernstein industriell gefördert: Mit hohem Druck wird in Küstennähe Erdschlamm an die Oberfläche gepumpt und nach dem kostbaren Stoff abgesucht. Alsdann wird dieser in Danzigs Manufakturen verarbeitet. Mehr als 8000 Menschen schleifen im Jahr 200 t Bernstein – der dabei geschaffene Wert ist vermutlich höher als jener der pommerschen Landwirtschaft. Die kostbaren Stücke kann man in den Läden der Rechtstadt erstehen.

Um zu erkennen, ob ein Stein authentisch oder nur ein billiges Pressprodukt ist, gibt es mehrere Möglichkeiten. So kann man ihn in Süßwasser schwimmen lassen: Echter Bernstein ist schwerer und sinkt, Imitate treiben an der Oberfläche. In einem zweiten Test reibt man den Stein an Papier: Echter Bernstein lädt sich elektrisch auf (griech. Bernstein = *elektron*).

Endgültige Gewissheit bringt die Stech- und Feuerprobe: Bernstein gibt beim Druck einer Nadel nach und beginnt bei 150 °C zu schmelzen – diesem Umstand verdankt er übrigens auch seinen Namen, der vom mittelniederdeutschen *Bornsteen* (= Brennstein) stammt!

Übrigens: Oft flüchtete sich Oskar, der Held in Günter Grass' nobelpreisprämiertem Roman »Die Blechtrommel«, auf den Stockturm. Hier ließ er seinen Protest gegen die Welt der Erwachsenen auf eine originelle Art los: Mit erhobener Stimme »zersang« er die Scheiben des benachbarten Theaters, bis sie zersprangen! Heute öffnet in der Hauptsaison ein Aussichtspunkt auf der Turmspitze.

Gefängnis und Folterkammer

In einer zweiten Ausstellung wird dokumentiert, dass Stockturm und Peinkammer viele Jahrhunderte (1604–1861) als Gericht und Gefängnis dienten. Folterinstrumente sind ausgestellt, mit denen Gefangenen Geständnisse abgetrotzt wurden. Man sieht dunkle Zellen, in die sie eingesperrt waren, in die Mauern sind Zeichnungen gekratzt. Die bei Ausgrabungen gefundenen Krüge und Schalen, Teller und Löffel, Schuhe und Pfeifen sind gleichfalls ausgestellt.

Im Zweiten Weltkrieg diente der Stockturm als Frauengefängnis, im Jahr 1941 waren hier Danziger Jüdinnen interniert, die auf ihren Abtransport ins Konzentrationslager Stutthof warteten. Nach dem Krieg zog der Lehrstuhl für Kriminalistik in den Turm ein; statt Folter und Verhör standen moderne Fahndungsmethoden wie Fingerabdruck, Blut- und DNA-Test auf dem Programm.

Reste von Ketten an der Ostseite des Turms erinnern daran, dass hier Straftäter an den Pranger gestellt und zuweilen enthauptet wurden.

Öffnungszeiten und Infos
Bernsteinmuseum:
Targ Węglowy 26,
www.mhmg.gda.pl,

Di 10–15, Mi–Sa 10–16,
So 11–16 Uhr, im Sommer länger,
Eintritt 2,50 €,
Aussichtsturm 1,10 €

4 | Europas größte Backsteinkathedrale – Die ›dicke Marie‹

Karte: ► C 5/6 | **Anfahrt:** SKM, Tram 2, 3, 6: Brama Wyżynna

Man hält den Atem an – und fühlt sich wie im Siebten Himmel. Durch riesige Fenster flutet Sonnenlicht in fünf strahlendweiße Kirchenschiffe. Als die Basilika errichtet wurde, bot sie allen 25 000 Danziger Bewohnern Platz. Ihre schiere Größe muss man erst einmal auf sich wirken lassen, bevor man die gigantischen Schätze der Marienkirche ins Visier nimmt. Zuletzt erklimmt man den Turm und betrachtet Danzig aus der Vogelperspektive.

Reiche Danziger haben die Kirche gestiftet, um sich für die Ewigkeit ein Denkmal zu setzen. 1343 legten sie den Grundstein, 159 Jahre später wurde sie vollendet. Seit 1987 ist sie – nach dem Dom von Oliwa (s. S. 62) – die zweite Kathedrale von Danzig. Mit 105 m Länge und 66 m Breite ist sie überaus

mächtig, eine »dicke Marie«, wie man sie in deutscher Zeit liebevoll-spöttisch nannte. Aufgelockert wird die Backsteinmasse durch sieben zierliche Türmchen und zwei Schmuckgiebel.

Fantastischer Innenraum

So wuchtig die Kirche nach außen erscheint, so luftig wirkt sie innen. Durch 37 riesige Spitzbogenfenster flutet Sonnenlicht und lässt die weißen Wände erstrahlen. Hohe schlanke Pfeiler lenken den Blick zur Decke, die mit luftigen Stern-, Netz- und Kristallgewölben überspannt ist. Gut kommen in diesem fast asketischen Raum die Kunstwerke zur Geltung. Einige haben – rechtzeitig ausgelagert – die Zerstörungen des Zweiten Weltkriegs überstanden und kehrten später an den angestammten Platz zurück.

Den Flammen zum Opfer fiel die gewaltige **Barockorgel** über dem Hauptportal, die 40 Jahre später rekonstruiert wurde. Vom herrlichen Klang ihrer 46 Stimmen kann man sich während des Gottesdienstes und der sommerlichen Orgelkonzerte überzeugen. Links vom Hauptportal, in der Reinholdskapelle, hängt eine Kopie des **»Jüngsten Gerichts«,** Danzigs berühmtestes Gemälde (s. S. 59).

Nahebei steht eine aus Kalkstein gemeißelte **Pietá** von 1410. Mit ihren anmutigen Gesichtszügen und dem weichen Faltenwurf ihres Gewands kündigt sie bereits den Übergang von der Gotik zur Renaissance an.

Im Querschiff zieht die **Astronomische Uhr** alle Blicke auf sich: mit 12 Metern Höhe ist sie ein gewaltiges Werk, geschaffen vom Astronom und Mechaniker Hans Düringer (1464–70). Sie zeigt nicht nur die Stunden und Wochentage an, sondern auch den Stand des Neumonds und die Position der Tierkreiszeichen. Punkt 12 Uhr startet die Vorführung des Figurentheaters: Im oberen Aufsatz öffnet sich ein Türchen und es erscheinen nacheinander Maria mit dem Jesuskind, die Heiligen Drei Könige und die Evangelisten. So beeindruckt waren die Stadtväter von der Uhr, dass sie ihrem Schöpfer die Augen ausstechen ließen, damit er kein vergleichbares zweites Werk herstelle.

Eine makabre Legende knüpft sich auch ans ausdrucksstarke Kruzifix in der **Kapelle der Elftausend Jungfrauen.** Der Bildhauer, heißt es, nagelte 1430 einen seiner Schüler ans Kreuz, um nach einem lebensechten Modell arbeiten zu können. Die Gesichtszüge Christi sind von Todesangst gezeichnet, der Körper ist ausgemergelt – realistischer hat man eine Agonie selten gesehen!

Ein weiterer Höhepunkt ist der **Hochaltar** mit seiner Huldigung an Maria, die Schutzpatronin der Kirche: Meister Michael aus Augsburg hat Mariä Krönung prunkvoll in Szene gesetzt und dabei nicht an Blattgold gespart (1510–17).

Übrigens: Die Marienkirche ist auch eine Totenstätte. Über 300 in den Boden eingelassene und von unendlich vielen Schritten abgeschliffene Grabplatten tragen deutsche Inschriften. So entdecken Sie nahe dem »Jüngsten Gericht« das mit einem Schwan verzierte Grab des berühmten schlesischen Dichters Martin Opitz, der 1639 in der Stadt starb. Es heißt, ein Bettler, der ihn zum Dank für eine milde Gabe umarmte, habe Opitz mit der Pest angesteckt. 2005 wurde in der Marienkirche erstmals wieder nach 150 Jahren ein Mensch beigesetzt: Es war der in Danzig geborene Arzt Otto Kulcke, Stifter der neuen Orgel. 2010 folgte ihm der Parlamentsabgeordnete Maciej Płażyński, der beim Flugzeugabsturz der Regierungsmaschine bei Smolensk ums Leben kam.

Turmaufstieg

Nach über 400 Stufen erreichen Sie das Plateau des 82 m hohen, komplett renovierten **Turms.** Es bietet sich ein grandioser Blick auf die Hafenanlagen längs der Mottlau und in die Häuserschluchten der Rechtstadt.

Öffnungszeiten und Infos
Marienkirche (Bazylika Mariacka):
ul. Podkramarska 5,
www.bazylikamariacka.pl,

Mo–Sa 9–17 Uhr, So 13–17.30,
im Sommer tgl. bis 18.30 Uhr,
Eintritt 1 €,
Aufstieg zum Turm 1,50 €

Karte: ▶ B–D 5/6 | **Anfahrt:** SKM, Tram 2, 3, 6: Brama Wyżynna

Es erwarten Sie stimmungsvolle Gassen mit krummem Kopfsteinpflaster und Giebelhäusern aus Gotik und Renaissance. Die einstigen Besitzer, allesamt reiche Danziger Kaufleute, ließen nichts unversucht, um ihre schmalen Häuser herauszuputzen. Die besten Steinmetze schufen für sie filigrane Fensterfassaden und opulente Reliefs, Freitreppen und terrassenartige Beischläge. Heute können Sie in fast jedes Haus eintreten – Läden und Lokale machen's möglich.

Dolce Vita an der Mottlau

Alle zieht es zum Wasser und auch die Gassen der Rechtstadt sind zum Fluss ausgerichtet. Sie verlaufen parallel in Ost-West-Richtung und sind an beiden Enden gesichert: zum Land hin mit Bastionen, zur Mottlau hin mit mächtigen Toren. Vor den Toren verläuft die sogenannte **Lange Brücke** 1 (Długie Pobrzeże), eine Promenade, die vom Grünen Tor bis zum Fischmarkt reicht. Hier weht eine frische Meeresbrise, Möwen kreisen und Schiffe tuckern übers Wasser. Jahrhundertelang war die Lange Brücke Danzigs Hafen und damit sein wirtschaftlicher Dreh- und Angelpunkt. Heute legen am Kai keine großen Pötte mehr an, vor Anker liegen auschließlich Ausflugsschiffe, Wassertaxis und ›Piratensegler‹. Die quirlige Atmosphäre hat sich erhalten: Man flaniert und fotografiert, kauft sich ein Fischbrötchen oder nimmt Platz in einem der Terrassenlokale. Die Giebelhäuser sind eine Augenweide – eines ist schöner als das nächste. Das Wahrzeichen der Langen Brücke ist das mittelalterliche **Krantor** 2, Teil des Maritimen Museums (s. S. 44).

Romantische Frauengasse

Ein paar Schritte weiter bietet das Frauentor (Brama Mariacka) Zugang zur

Frauengasse 3 (ul. Mariacka). Sie liegt im Schatten der Marienkirche, die sie wie ein Riegel von der Außenwelt abschirmt. So bildet sie eine Welt für sich, ein Refugium, in dem man sich in die Vergangenheit zurückversetzt fühlt. Sie strahlt so viel hanseatisches Flair aus, dass Thomas Manns Roman »Buddenbrooks« nicht am Originalschauplatz Lübeck, sondern hier verfilmt wurde.

Sie spazieren durch ein Spalier von Bürgerhäusern, die mit ihren reich geschmückten Beischlägen weit auf die Straße ausgreifen. Sie sind mit Granitkugeln, Reliefs und Wasserspeiern geschmückt, Freitreppen führen hinauf zu Terrassen. Seitlich der Treppen, wo man einst in Weinkeller und Warenlager hinabstieg, ducken sich heute kleine Bernsteinateliers und Galerien. Einen fantastischen Blick auf die Gasse bietet der Turm des **Archäologischen Museums** 4 : Aus 30 m Höhe schauen Sie in die ›Puppenstube‹. Im Renaissance-Bau finden Sie außerdem Funde aus dem altslawischen Danzig, darunter ein 3000 Jahre altes, winziges Bernsteinpferdchen. Außerdem gibt es faustgroße, an der Ostseeküste gefundene Bernsteinklumpen mit und ohne eingeschlossene Insekten sowie Stücke aus alten Danziger Sammlungen. Ein Mini-Museum schließt die Frauengasse ab: Im **Gotischen Haus** 5 von 1451 wird an die vermeintliche Liaison zwischen dem Astronomen Kopernikus und der früher auf dem 5-DM-Schein abgebildeten Danziger Kaufmannstocher Anna Schilling erinnert.

Nördlich der Marienkirche

Über die ul. Plebania, eine dunkle Passage zwischen Marienkirche und Pfarrei, gelangen Sie zur **Königlichen Kapelle** 6 . Mit ihrer roten, verspielten Fassade und mehreren Kuppeln strahlt sie viel Leichtigkeit aus. 1681 ließ sie der polnische Konig Jan III. Sobieski von seinem Hofarchitekten Tylman van Gameren für die katholische Minderheit Danzigs errichten und man darf annehmen, dass er damit programmatisch katholische Sinnenfreunde gegen protestantische Askese ausspielte.

Leichtigkeit strahlt auch der **Brunnen der vier Löwen** 7 aus (s. S. 4/5). Ein großes, vierfarbiges Steinquadrat soll die historischen Viertel der Rechtstadt symbolisieren. Flankiert wird es von Danzigs Wappentieren, vier großen Löwen. Aus 24 Düsen schießen im Minutentakt Wasserfontänen – eine Sommergaudi nicht nur für Kinder!

Drei Schritte weiter befindet sich die **Grass-Galerie** 8 . Hier werden Grafiken und Skulpturen des in Danzig geborenen Autors (s. S. 8) ausgestellt, die beweisen, dass er zugleich ein interessanter bildender Künstler ist. Tausende von Seiten hat Grass über seine Stadt verfasst, über die benachbarte Kirche schrieb er: »Vom Dominikanerkloster ist nur die düstere **Nikolaikirche** 9 übriggeblieben, deren innere Pracht ganz

Übrigens: Die hoch angesetzten Beischläge entstanden im 16. Jh. aus Angst vor Überflutung. Bald lernte man sie aber aus anderen Gründen schätzen: Sie waren ein idealer Ort der Kommunikation – hier sprach man mit Nachbarn und empfing Besucher. Johanna Schopenhauer, Autorin und Mutter des gleichnamigen, 1788 in der Stadt geborenen Philosophen schreibt: Durch die Beischläge habe Danzig »ein fast südliches Ansehen« gewonnen… »Ein großer Teil des häuslichen Lebens wurde mit unglaublicher Offenherzigkeit, fast so gut als auf freier Straße, betrieben«.

Prachtvoll wie ein Palast: das Große Zeughaus

auf Schwarz und Gold beruht; ein Nachglanz einstiger Schrecken.« Von außen eine abweisende Festung, ist sie innen ein Tempel der Fülle. Wohin man schaut, in Gold getauchte Altäre, dunkler Marmor und Schummerlicht. Von frommen Seelen angebetet wird die Marien-Ikone im nördlichen Schiff, die – ebenso wie viele Neu-Danziger – aus der heutigen Westukraine stammt. Als diese 1945 in die Stadt kamen, war die Nikolaikirche das einzige Gotteshaus, das das Flammen-Inferno unversehrt überstanden hatte. Doch noch aus einem anderen Grund verkörpert sie die Tradition: Seit 1227 gehört sie den Dominikanern. Von deren einstigem Kloster erhielt sich nur der **Turm des Hl. Hyazinth** 🔟 (Baszta Jacek), der einst den Namen »Kiek in die Kök« besaß (Plattdeutsch »Schau in die Küch«): Aus 36 m Höhe blickten die Turmwächter in die Töpfe der benachbarten Dominikanerküche. 1813 ist das Kloster abgebrannt, an seiner Stelle entstand die **Markthalle** 1️⃣1️⃣, die mit ihren Por-

talen, Giebeln und Maßwerkfenstern an ein Gotteshaus erinnert. Jüngste Grabungen belegen, dass sie tatsächlich auf den Fundamenten einer längst vergessenen Kirche erbaut ist. Die freigelegten Ruinen der romanischen Kirche wurden mit Plexiglas überdeckt, sodass heutige Besucher in die älteste Zeitschicht des Gebäudes hinabsinken können. ›Sinken‹ ist wörtlich gemeint, denn die Panoramalifte reichen bis zum Untergeschoss. Großartig ist die verspielte Eisenkonstruktion der Halle, die sich zu einem Stahlgewölbe verdichtet – eine Architektur, die in Kontrast zu dem oft ramschigen Warenangebot steht.

Südlich der Fauengasse

Den Abschluss der ul. Piwna (Jopengasse) bildet das **Große Zeughaus** 1️⃣2️⃣ (Wielka Zbrojownia), das einstige Waffenarsenal. Mit seiner Backsteinfassade, die mit einer Haut aus vergoldeten Sandsteinreliefs und -skulpturen überzogen ist, wirkt es freilich eher wie ein

Palast – ein Prachtwerk des Manierismus. Während in die Obergeschosse die Kunsthochschule eingezogen ist, steht die fantastische Gewölbehalle im Erdgeschoss leer …

Im Zeichen der Waffen steht auch der benachbarte **Georgshof** 13 (Dwór Bractwa św. Jerzego). Jahrhundertelang feierte hier die St. Georgen-Schützenbruderschaft ihre Feste. Und ihr Patron schwingt auf der Spitze des Türmchens

sein Schwert. Selbst die **Alte Apotheke** 14 (Stara Apteka) nördlich des Zeughauses hatte mit Waffen zu tun. Im stattlichen Giebelbau wurden Pulver und Munition fabriziert.

Folgen Sie der ul. Piwna, können Sie auf andere Art in die Vergangenheit eintauchen: In der **Puppengalerie** 15 wird altes Spielzeug ausgestellt – darunter viele Unikate aus sozialistischer Zeit!

Öffnungszeiten und Infos

Archäologisches Museum 4:
(Muzeum Archeologiczne)
ul. Mariacka 26, www.archeologia.pl,
Di–So 9–16 Uhr, Juli–Aug. Mo nur der Turm, Di–So 9–17 Uhr
Gotisches Haus 5: (Kamienica Gotyk) ul. Mariacka 1, Tel. 58 301 85 67, www.gotykhouse.eu
Königliche Kapelle 6: (Kaplica Królewska) ul. św. Ducha 58, www.bazylikamariacka.pl/historia-kaplicy-krolewskiej, nur geöffnet zur Messe So 11 Uhr

Günter-Grass-Galerie 8:
(Gdańska Galeria Güntera Grassa)
Ecke Szeroka/Grobla,
Di–Mi 11–17, Do–So 11–19 Uhr,
www.ggm.gda.pl, Eintritt frei
Nikolaikirche 9:
(Kościół św. Mikołaja)
ul. Świętojańska 72,
www.gdansk.dominikanie.pl,
tgl. 8–19 Uhr
Puppengalerie 15: (Galeria Starych Zabawek) ul. Piwna 19/21, www.stare-zabawki.pl, Di–So 11–18 Uhr, 2 €

6 | Seefahrt über alles – das Nationale Maritime Museum

Karte: ▶ D 5 | **Anfahrt:** SKM, Tram 2, 3, 6: Brama Wyżynna

Ein Hingucker an der Mottlau-Promenade ist das Krantor, ein Industriedenkmal anno 1444, so mächtig, als sei es für alle Ewigkeit gebaut. Mit seiner Hilfe konnten noch die höchsten Schiffsmasten aufgerichtet werden. Ans Krantor lehnt sich ein luftiger, lichtdurchfluteter Glaspalast, in dem Boote aus aller Welt vorgestellt werden. Danach setzt man sich selber in ein Bötchen, schippert zur Bleihofinsel hinüber und bestaunt die aus gesunkenen Schiffen geborgenen Schätze. Auch ein am Ufer vertäuter Frachter kann inspiziert werden.

Kein Wunder, dass Danzig eines der wichtigsten Seefahrtmuseen Europas besitzt: Dem Handel übers Meer verdankt die Stadt ihre Existenz, ihren vergangenen und zukünftigen Wohlstand.

In mehreren Dependancen des **Nationalen Maritimen Museums** 1 wird das Verhältnis des Menschen zum Meer facettenreich beleuchtet – hier verbringt man locker einen vollen Tag!

Krantor – mittelalterliches Industriedenkmal

Wahrzeichen der Stadt ist das 1444 erbaute, an der Promenade gelegene **Krantor** (Żuraw). Es besteht aus zwei monumentalen Backsteintürmen, zwischen die ein hoch aufschießendes hölzernes Hebewerk gerammt ist. Unter diesem versteckt sich das eigentliche Tor, das Zugang zur ul. Szeroka bietet.

Zum Zeitpunkt seiner Entstehung war das Krantor der größte Hafenkran Europas. Mit seiner Hilfe konnten Lasten gehoben und selbst größte Schiffsmasten aufgerichtet werden. In 27 m Höhe war ein Kranbalken angebracht, der weit über den Wasserlauf geschwenkt werden konnte. Er wurde durch hölzerne, 6 m weite Treträder im Innern des Krantors bewegt, die Häftlinge durch ihre Laufarbeit in Bewegung bringen mussten. Treten Sie in den Tordurchgang, sehen Sie die mächtigen Treträder über Ihrem Kopf schweben. Bei einem Besuch des Kraninnern kommen Sie noch näher an den Hebemechanismus heran. Außerdem erfahren Sie eine Menge über das einstige »Leben einer Hafenstadt« und sehen anhand von Modellen, wie sich das Mottlau-Ufer im Lauf der Zeit verändert hat. Ein Kontor, das sich hier tatsächlich im Mittelalter befand, ›erzählt‹ vom Alltagsgeschäft eines Kaufmanns.

Zentrum für Maritime Kultur – Mitmachen erwünscht

Neben dem Krantor hat das 21. Jh. Einzug gehalten: Den Architekten ist das Kunststück gelungen, die hypermoderne Backstein-Glasfassade des **Zentrums für Maritime Kultur** harmonisch in die mittelalterliche Mottlau-Silhouette zu integrieren. Hinter der Fassade befinden sich vier luftige, rund um einen Lichthof angeordnete Stockwerke, auf denen sich alles um die Seefahrt dreht. Und auch die Präsentation setzt moderne Maßstäbe: Statt angestaubter Museumsstücke gibt es interaktive Stationen, an denen kleine und große Besucher animiert werden, sich Seemannswissen praktisch anzueignen. In der Abteilung »Meer« können Sie z. B. einen Tsunami erzeugen oder sich am Sternenhimmel orientieren, um eine Route für Ihr Schiff zu planen.

Und welches Gefährt wünschen Sie sich? In der Abteilung »Schiffe« sind vom afrikanischen Einbaum bis zur venezianischen Gondel viele Originale ausgestellt. Sie dürfen in die Rolle eines Kapitäns schlüpfen und vom Deck aus ein Segelschiff steuern, zuvor haben Sie sich im Schnüren von Seemannsknoten

geübt! Kinder freut es besonders, an einem Becken kleine Schiffsmodelle fernzusteuern. Weiter geht's zur Abteilung »Arbeit im Hafen«, wo Sie lernen, wie die Logistik eines Container-Terminals funktioniert. Interessant sind auch die maßstabsgetreuen Nachbildungen aller polnischen Leuchttürme.

Und auch die »Unterwasserarchäologie« ist spannend: Sie können im sandigen Boden nach Schätzen suchen, mit einem Tiefsee-U-Boot (Bathyscaph) den Meeresgrund absuchen oder mit einem Echolot die Meerestiefe messen.

Speicher auf der Bleihofinsel

Mit einer **Mini-Shuttle-Fähre** setzen Sie auf die **Bleihofinsel** **2** (Wyspa Ołowianka) über. Zusammen mit der benachbarten Speicherinsel (Wyspa Spichrzów) war sie Danzigs Schatzkammer. In fast zweihundert Fachwerk- und Backsteinhäusern warteten kostbare Güter wie Getreide und Holz, Bier und Gewürz darauf, verschifft zu werden. Alle wurden im Zweiten Weltkrieg zerstört, die drei Speicher des Maritimen Museums sind den Originalen nachgebildet. In den Speichern wird das Thema Meer auf traditionelle Art vertieft. Anhand des Kupferfrachters Solen wird »Polens Schifffahrt« vorgeführt: 1627 bei einer Schlacht gegen die Schweden gesunken, wurde er vor einiger Zeit gehoben. Fast 400 Jahre lag er im Schlick, gleichwohl konnten persönliche Gegenstände der Matrosen und Teile der Ladung, die Kücheneinrichtung, Ritterrüstungen und Kanonen geborgen werden.

Zu sehen ist auch Meeresarchäologie anderer Art: Ungetüme Tauchanzüge, -apparate und -glocken veranschaulichen, in welch seltsamer Montur Menschen unter Wasser gingen, bevor die Sauerstoffflasche erfunden wurde. Ein Dokumentarfilm zeigt, wie die 1945 mit über 5000 Menschen an Bord ge-

Der Frachter Sołdek trägt den Namen eines Werftarbeiters

sunkene und erst 50 Jahre später wieder entdeckte »Gustloff« von Tauchern erforscht wird. Für »Marinemalerei« hat man eine eigene Galerie eingerichtet. 80 Gemälde zeigen Schiffe auf hoher See, in Seenot und im Schlachtgetümmel, bei der Ausfahrt im Morgengrauen und bei nächtlicher Rückkehr. Auch Porträts altgedienter Kapitäne sind zu sehen, gesponsert von ihren Reedereien.

Frachter Sołdek

Spaß macht der Besuch auf einem realen Schiff. Seit 1989 liegt vor den Speichern die **Sołdek** 3 vertäut, kein glamouröses, sondern ein praktisches Gefährt. Es war das erste in Danzig nach dem Krieg gebaute Schiff, transportierte Kohle und Erz und unterstrich die neue Rolle der Schwerindustrie.

Und auch der Name läutete neue Zeiten ein – denn wann schon ist ein Schiff nach einem Werftarbeiter benannt worden? Sie können über Deck spazieren und unter Deck die Kajüten und die Kombüse besichtigen – erst vor kurzem wurden das Schiff restauriert.

Öffnungszeiten und Infos
Nationales Maritimes Museum 1 :
ul. Długie Pobrzeże s/n,
www.cmm.pl,
Juli–Aug. tgl. 10–18,
Sept.–Dez. und April–Juni
Di–So 10–16,
Jan.–März Di–So 10–15 Uhr,
Einzelticket 3 €.
Das Kombiticket inklusive Zentrales Meeresmuseum, Sołdek und Fähre kostet 7 €.

7 | Danziger Spirits – Goldwasser & Co.

Karte: ▶ D 5/6 | **Anfahrt:** SKM, Tram 2, 3, 6: Brama Wyżynna

Das gibt's selten auf der Welt: Ein aus exotischen Gewürzen raffiniert durchkomponierter Likör, dem erst Flitter von 22karätigem Rauchgold die richtige Konsistenz und Couleur verleihen! Vor über 400 Jahren wurde er erstmals gebrannt und erwies sich sogleich als Bestseller: Das Goldwasser (früher auch Gulden-Wasser genannt) passte zu Danzigs goldener Zeit! Heute können Sie an mehreren Orten dem ›glitzernden Gesüff‹ nachspüren.

Gold im Glas

Manch ein Besucher mag gesundheitliche Bedenken haben, schwimmende Goldblättchen zu schlucken. Vielleicht sagt er sich auch »Schade um das schöne Gold« … Doch den reichen Bürgern der Kaufmannsstadt waren solche Bedenken fremd, die Geste der Verschwendung gehörte für sie zum Alltag.

Dies war schon im ausgehenden 16. Jh. so, als Ambrosius Vermoellen nach Danzig kam: ein religiös verfolgter, aus Flandern geflüchteter Mennonit. Er hatte im Gepäck allerlei Rezepturen für Spirituosen dabei und begann 1598 mit der Herstellung von Likören, die bis heute aus der kulinarischen Landschaft der Dreistadt nicht wegzudenken sind. Er wählte kostbare Spezereien, wie es sie nur in einer Handelsstadt wie Danzig gab: Macis und Pomeranzenschalen, Kardamom,

47

Koriander und Wacholderbeeren, dazu einen weichen Anisschnaps. Dem beigemixten Gold sprach er magische Wirkung zu – seine geheimen Kräfte, so rühmte er, übertrügen sich beim Trinken auf den Menschen.

Eine zweite Theorie sagt dem Goldwasser einen profaneren Ursprung zu: In Danzig gab es viele Kunsthandwerker, die auf Bilderrahmen Schichten von Blattgold auftrugen. Dies taten sie, indem sie den Pinsel in Alkohol tunkten, um mit ihm die dünne Goldfolie aufzunehmen und aufs Holz zu drücken. Beim neuerlichen Eintauchen in Alkohol blieb es nicht aus, dass winzige, im Pinsel versteckte Goldpartikel ausgespült wurden. Da es doch schade gewesen wäre, das glitzernde Gebräu wegzukippen, wurden dem Goldwasser würzige Kräuter zugesetzt und der Alkohol auf trinkbare 40 % verdünnt – schon stand der Likör zum Trinken bereit!

Manufakturen und Probierstuben

Der Siegeszug des Goldwassers setzte freilich erst im 18. Jh. ein: In einem Haus, dessen Fassade ein großer Lachs zierte, begann Isaak Wedling, ein Nachfahre von Ambrosius, 1708 mit der Herstellung von Likör. Das **Haus Zum Lachs** **1** hatte bis zum Ende des Zweiten Weltkriegs Bestand und wurde nach seiner Zerstörung wiederaufgebaut.

Die Herstellung des Goldwassers übernahm 1945 die Brennerei Harden-berg-Wilthen AG in Nörten-Hardenberg, von wo der Likör exportiert wird. Das besagte Haus in der ul. Szeroka ist heute ein auf nobel getrimmtes Fischrestaurant, das mit opulentem Rokoko-Interieur und befrackten Kellnern in vergangene Zeiten zurückführt.

In der gleichen Straße, nur ein paar Häuser weiter, werden in der **Goldwasser Manufaktura** **2** von Hand geformte Pralinen mit Goldwasser gefüllt. Auch Schokoladen, Torten und Backwaren sowie Goldwasser-Desserts werden hier hergestellt.

Ein hervorragender Ort, um all die Leckereien in aller Ruhe zu probieren, ist der **Goldwasser Coffee Shop** **3** auf dem Langen Markt.

Oder Sie gehen ins **Restaurant Goldwasser** **4** an der Langen Brücke, wo ein gutes Fisch- oder Fleischmahl mit einem Gläschen Goldwasser abgerundet wird. In beiden Lokalitäten gibt's außer dem namensgebenden goldenen Saft weitere Danziger Traditionsliköre: Außer dem beliebten Kurfürstenschnaps ist vor allem Machandel zu nennen, ein mit getrockneten Pflaumen angereicherter Wacholderschnaps, der im Geschmack weich ist, gleichwohl für einen kräftigen Kick sorgt. Auf seine Heilwirkung weist das rote, malteserähnliche Kreuz auf der tonnenförmigen Flasche hin. Fügt man Wacholder und Kirschen zusammen, erhält man den roten Krambambuli. Der schräge Name setzt sich aus Krandewitt (für Wacholder) und Blamp (für Alkohol) zusammen.

---

8 | Perlen im Schatten der Rechtstadt – die Danziger Altstadt

Karte: ▶ B/C 4 | **Anfahrt:** SKM, Tram 2, 3, 6: Brama Wyżynna

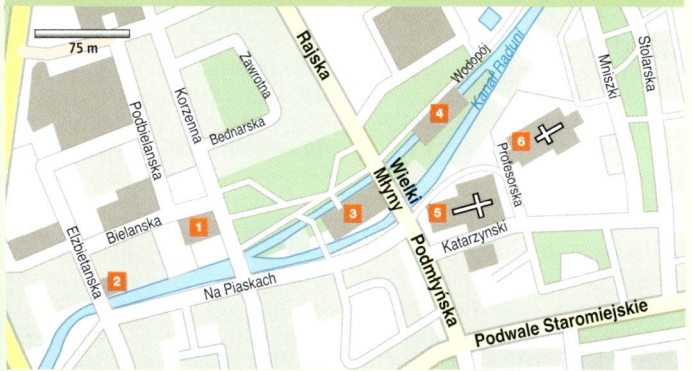

Es ist verwirrend: Neben der Rechtstadt, das heißt: der rechten, richtigen Stadt, gibt es in Danzig die noch ältere Altstadt. Sie hat nicht nur ihr eigenes Rathaus, in dem heute ein Kulturzentrum die Trommel für Gegenwartskunst rührt, sondern auch fantastische Kirchen.

Nördlich des breiten Altstädtischen Grabens (Podwale Staromiejskie) beginnt die Altstadt, in der vorwiegend die ›kleinen Leute‹ lebten, Handwerker, Fischer und Tagelöhner. Stets stand sie im Schatten der Rechtstadt, ihre Häuser waren zumeist aus solidem, aber schmucklosem Backstein gebaut. Nach dem Zweiten Weltkrieg entstanden mehrheitlich funktionale Wohnhäuser, rekonstruiert wurden nur ausgewählte Vorzeigeobjekte. Diese befanden sich in der sogenannten Pfefferstadt (ul. Korzenna), wo die reichen ›Pfeffersäcke‹ wohnten und

sich auch das Altstädtische Rathaus befindet. Zusammen mit den Kirchen und Mühlen am Radaune-Kanal (Kanał Raduni) bildet es ein malerisches Ensemble.

Rund ums Altstädtische Rathaus

Das **Altstädtische Rathaus** 1 hat sich zu einem beliebten Treffpunkt von Künstlern und Theaterleuten entwickelt. Der Rahmen des Baltischen Kulturzentrums könnte kaum schöner sein: Der fast kubische zweistöckige Backsteinbau ist in niederländischem Renaissancestil ausgeführt, von einer Attika sowie schlanken Ecktürmen gekrönt. Natürlich findet sich auch hier das Wappen-Trio von Danzig, Königlich-Preußen und Polen, diesmal auf dem Fries zwischen den Etagen. In der Diele ist ein Café untergebracht; eine Tafel erinnert an Johannes Hevelius (1611–87). In den Kellergewölben lagerte der Ratsherr und Brauer sein berühmtes Jopen-

49

bier, mit dessen Verkauf er sein kostspieliges Hobby, die Astronomie, finanzierte. Mit dem damals längsten Teleskop der Welt entdeckte er neun Kometen und sieben Sternkonstellationen. Auch fertigte er die erste präzise Karte des Mondes an, auf die selbst der Papst reagierte. »Das Werk«, notierte er, »wäre unvergleichlich zu nennen, wenn es nicht ein Ketzer geschrieben hätte.« Über eine knarrende Eichentreppe gelangt man ins Obergeschoss, in dessen Festsaal die weißblauen Delfter Kacheln noch aus Hevelius' Zeit stammen. An den Astronomen erinnert auf der Grünfläche vor dem Rathaus ein großes Denkmal – mit einem Messinstrument in der Hand blickt Jan Heweliusz auf eine mit Sternenbildern bemalte Hauswand (s. auch Centrum Hewelianum S. 75). Ein Blick lohnt auch hinter das Rathaus, wo sich eines der besterhaltenen Bürgerhäuser Danzigs versteckt, das **Haus der Äbte von Pelplin** 2. Anfang des 17. Jh. nach einem Entwurf von Abraham van den Blocke erbaut, gehörte es 140 Jahre den Zisterziensern. Seitlich schaut es zum Radaune-Kanal, schöner aber noch ist die Seitenfassade, deren Portal mit Masken von Geistern und Engeln geschmückt ist.

Mühlen der Ordensritter

Die um 1350 vom Deutschen Orden errichtete **Große Mühle** 3 (Wielki Młyn) gehörte einst zu den größten Europas. Sie besaß 18 Mühlräder von je fünf Metern Durchmesser, die vom Wasser der Radaune bewegt wurden. Unter dem gewaltigen Satteldach befanden sich sechs Lageretagen, auch Brot wurde hier gebacken. Heute beeindruckt der vollkommen entkernte Innenraum, der ein kleines Einkaufszentrum beherbergt. Unter Plexiglas kann man die Fundamente der Mühle sehen und die mittelalterlichen Mühlräder aus Stein.

Ein paar Schritte weiter, am gegenüberliegenden Ufer des Radaune-Kanals, steht im Grün die **Kleine Mühle** 4 (Mały Młyn). Klein war auch sie mitnichten: Mit fünf Mühlrädern zählte sie vielmehr zu den größten des Kontinents. Wunderschön ist von hier über Trauerweiden hinweg die Aussicht auf die benachbarten Kirchen.

Kult-Kirchen

Mit ihrem filigranen Glockenturm ist die **Katharinenkirche** 5 Blickfang der Altstadt. 1185 wurde sie vom Herzog der Pommerellen gestiftet und ist – neben der Nikolaikirche – das älteste Gotteshaus der Stadt. Im Zweiten Weltkrieg gingen viele ihrer Schätze verloren. 2006, als die Kirche in Flammen aufging, büßte sie weitere ein. So erlebt, wer sie betritt, ein Gebäude in morbider Pracht: hohe Schiffe aus nacktem Backstein, darüber Sterngewölbe, dunkle Gemälde ehrwürdiger Patrizier und beschädigtes Chorgestühl. Doch da die polnischen Restaurateure höchst effizient arbeiten, ist anzunehmen, dass die Kirche bald in perfekter Kopie aufersteht … Viele Berühmtheiten wurden in der Kirche beigesetzt, darunter auch Johannes Hevelius. Sein schwarzmarmornes Epitaph mit der Aufschrift »Johann Hewelcke« finden Sie links vom Hochaltar. Über dem Altar hängt Anton Möllers »Kreuzigung« (1609), die der Künstler vor dem Panorama Danzigs angesiedelt hat. Aus seiner Hand stammt auch das Gemälde »Das Letzte Abendmahl«. Rechts vom Hochaltar lohnt der Abstieg in die erst 1986 entdeckte Krypta: ein düsterer Raum mit Schädeln und Knochen aus dem 11. Jh. Von ganz unten geht es in lichte Höhen: Beim Aufstieg auf den 76 m hohen Turm kommen Sie am Carillon vorbei, von dem zu jeder vollen Stunde ein Glockenspiel ertönt. Seine Glocken – im

Übrigens: Es gibt wohl keinen ungewöhnlicheren Ort, um Beethovens »Freude, schöner Götterfunken« zu hören. Jeden Tag um 13 Uhr spielen die 49 Glocken der Katharinenkirche die berühmte Melodie. Wenn Sie den Turm ersteigen, können Sie den Spielmechanismus aus nächster Nähe betrachten und sich – im wahrsten Sinn des Wortes – vom Klang des Liedes ausfüllen lassen. Einziger Nachteil: Danach sind Sie etwas taub! Manchmal werden auf dem Glockenspiel Konzerte gegeben, der Steuermechanismus wird dann von berühmten Organisten bedient.

Krieg teilweise für Rüstungszwecke eingeschmolzen – wurden zum 50. Jahrestag des Kriegsausbruchs mit Hilfe des ehemaligen Danzigers Hans Eggebrecht rekonstruiert. Ganz oben wartet eine weitere Überraschung: Ein kleines Uhrenmuseum widmet sich dem Verrinnen der Zeit.

Im Schatten der Katharinenkirche steht die **Brigittenkirche** 6. Benannt ist sie nach einer reichen Schwedin, die im 14. Jh. den Brigitten-Orden gründete und dafür heiliggesprochen wurde. Auf einer Reise verstorben, wurde ihr Leichnam bei der Rückführung just hier in einer Kapelle aufgebahrt. Aufgewertet durch die Heilige, wurde die Kapelle ab 1387 zu einer Kirche ausgebaut. Unter Polens Tausenden Gotteshäusern ist sie vielleicht die bekannteste – nicht weil sie besonders schön wäre, sondern weil zur Pfarrei die Danziger Werft gehört, Wiege der 1980 gegründeten Gewerkschaft Solidarność. In sozialistischer Zeit wurde in der Kirche passiver Widerstand gepredigt; Zehntausende versammelten sich vor ihren Toren, um politisch aufgeladenen Predigten zu lauschen. Heute ist das gotische Innere von zeitgenössischen Märtyrersymbolen überlagert, die westlichen Augen vielleicht allzu pathetisch erscheinen: Im Schummerlicht, gleich unter der Figur des Erlösers, liegt auf dem Boden eine in Stein gemeißelte zusammengekauerte Gestalt, umringt von frischen Blumen und brennenden Kerzen. Sie zeigt den 1984 von Angehörigen des Geheimdienstes ermordeten Pater Jerzy Popiełuszko – und ist noch immer ein Pilgerort. Zu Ehren von Popiełuszko entsteht ein monumentaler Bernsteinaltar von 11 m Länge und 12 m Breite, dessen Teilstücke peu à peu ausgestellt werden. Außerdem gibt es eine Tafel für die vom sowjetischen Geheimdienst ermordeten polnischen Offiziere (»Katyń 1940 – den Opfern des Martyriums«) und eine Replik der Schwarzen Madonna aus Tschenstochau, die von frommen Seelen als »Königin von Polen« verehrt wird. Natürlich darf auch ein Denkmal für den polnischen Papst nicht fehlen, der tatkräftig am Sturz des Sozialismus mitgewirkt hat und 2014 heiliggesprochen wurde.

Öffnungszeiten und Infos
Altstädtisches Rathaus/Baltisches Kulturzentrum 1: (Ratusz Staromiejski) ul. Korzenna 33/35, www.nck.org.pl, Di–So 10–18 Uhr
Große Mühle 3: (Wielki Młyn) ul. Wielkie Młyny 16, Mo–Fr 10–20, Sa 10–13 Uhr

Katharinenkirche 5: (Kościół św. Katarzyny) ul. Wielkie Młyny, tgl. 10–18 Uhr, Eintritt frei; Uhrenmuseum Mo 9–13, Di–So 10–16 Uhr, 2,50 €
Brigittenkirche 6: (Kościół św. Brygidy) ul. Profesorska 17, www.brygida.gdansk.pl, tgl. 10–17 Uhr

9 | Danzig im Weltkrieg – von der Polnischen Post zur Westerplatte

Karte: ▶ D/E 3/4 und Karte 4, B 2 | **Anfahrt:** SKM, Tram 2, 3, 6: Dworzec Gł.

In Danzig entsteht ein monumentales Museum des Zweiten Weltkriegs, das nach den Worten des in Polen geborenen Stararchitekten Daniel Liebeskind »eine Ikone nicht nur für Danzig, sondern für das Gedächtnis in ganz Europa sein will«. Nur ein paar Schritte entfernt befindet sich die Polnische Post, in der am 1. September 1939 ein paar Angestellte der deutschen Übermacht trotzten. Mit dem Schiff geht es zur Westerplatte, wo die »Schleswig-Holstein« die polnische Kaserne beschoss und damit den Zweiten Weltkrieg auslöste.

»Ab 4.45 Uhr wird zurückgeschossen«, hieß es am 1. September 1939 im deutschen Rundfunk. Der Angriff war als Vergeltungsschlag getarnt: Die Schüsse auf die Danziger Westerplatte und die

Polnische Post waren das Startsignal für die Wehrmacht, entlang der gesamten deutsch-polnischen Grenze einzumarschieren. Doch warum waren ausgerechnet eine Post und eine Halbinsel in der Danziger Bucht die ersten Angriffsziele?

Zur Erinnerung: Die Freie Stadt Danzig war ab 1920 ein Stadtstaat, den der Völkerbund – Vorläufer der heutigen UNO – nach dem Ersten Weltkrieg geschaffen hatte. Die meisten Bewohner waren Deutsche; die Polen erhielten Minderheitenrechte, u. a. ein eigenes Post- und Zollwesen und eine Verteidigungsstellung auf der strategischen Westerplatte. Durch den Polnischen Korridor, einen schmalen Landstreifen westlich der Stadt, war die Freie Stadt Danzig vom Deutschen Reich abgeschnitten – eine Tatsache, die viele Deutsche als unerträglich empfanden. Immer wieder versuchte die deutsche Regierung auf diplomatischem Weg,

Danzig »heimzuholen ins Reich« – doch ohne Erfolg. Am 1. September 1939 schritt Hitler zur Tat, um – wie es damals hieß – die Polen ein für alle Mal aus der »deutschen Stadt« zu verdrängen.

Museum des Zweiten Weltkriegs [1]

Schon von weitem ist sein in den Himmel ragender monumentaler Backsteinkeil zu sehen, der in Farbe und Form an Danzigs Kirchen und Kräne anknüpft. Er umspannt mehrere Glasgalerien, die sich optisch zur historischen Stadt öffnen. Doch das eigentliche Museum, das 2016 öffnen soll, wird sich unterirdisch befinden. Den Zweiten Weltkrieg will es so aufbereiten, dass dieser für zukünftige Generationen ›nacherlebbar‹ wird.

So werden in effektvoll inszenierten Räumen Originaldokumente aus jener Zeit vorgeführt, darunter Archivbilder, -filme und -töne. Die chronologische Präsentation setzt auf Multimedia, immer wieder sollen Zeitzeugen zu Wort kommen. Anhand rekonstruierter Orte (z. B. Luftschutzbunker oder Lagerbaracken) werden die damaligen Lebensverhältnisse beleuchtet.

Inhaltlich haben sich die Museumsmacher viel vorgenommen: In der Ausstellung **»Vorkrieg«** (Droga do Wojny) wird der Aufschwung des Faschismus von Deutschland über Spanien bis Japan geschildert. Es folgen die Revision des Versailler Vertrags durch die deutsche Regierung und der Einmarsch der Wehrmacht in Polen und halb Europa. In der Ausstellung **»Grauen des Kriegs«** (Groza Wojny) wird der Alltag der Menschen beschrieben: Die Verfolgung und Ermordung der europäischen Juden, die Erschießung polnischer Offiziere in Katyń, der Hungertod von mehr als 3 Mio. russischen Kriegsgefangenen, Zwangsarbeit, Vertreibung und ›ethnische Säuberungen‹. Der Widerstand gegen die Besatzungsmächte wird in allen Facetten vorgestellt, von Sabotage über Partisanenkrieg und Aufstände bis zu zivilem Widerstand, wie etwa in Norwegen.

Die dritte Abteilung **»Die langen Schatten des Krieges«** (Długi Cień Wojny) widmet sich der Politik hinter den Kulissen, der Diplomatie und den Folgen für die zweite Hälfte des 20. Jh.: Grenzverschiebungen, die Teilung der Welt in zwei ideologisch verfeindete Blöcke, jüdische Emigration und polnisches Exil, Kriegsverbrecherprozesse und Nazi-Jagd.

Polnische Post

Vom Museum sind es nur 200 m zur **Polnischen Post [2]**, wo SS-Heimwehr und deutsche Polizei ca. 50 polnische Postangestellte angriffen. Diese waren bewaffnet und leisteten 14 Stunden Widerstand, weil sie auf Verstärkung seitens der polnischen Armee aus dem nahen Gdynia hofften. Diese war zu dem Zeitpunkt freilich längst selbst unter Beschuss. Erst als die Angreifer Benzin in den Keller pumpten und es anzündeten, ergaben sich die Polen. Einige waren im Kampf gestorben, andere erlagen später ihren Verletzungen; die Mehrheit wurde vor ein Kriegsgericht gestellt, auf dem Friedhof Saspe erschossen und dort verscharrt.

Wer den Roman »Die Blechtrommel« (s. S. 8) oder auch Schlöndorffs kongeniale Verfilmung kennt, hat die Bilder gewiss noch vor Augen. Bei Recherchen zur »Blechtrommel« war Grass mitgeteilt worden, Zeugen des Geschehens gäbe es nicht mehr. Alle seien erschossen worden, ihre Namen habe man in die steinerne Gedenkplatte gehauen. Zu seinem Erstaunen fand Grass zwei Überlebende, die inkognito und zufrieden auf der Werft arbeiteten.

Denkmal für die Verteidiger der Polnischen Post

»Doch die Söhne wollten ihre Väter heldisch sehen«, so Grass, »und betrieben (erfolglos) deren Anerkennung: als Widerstandskämpfer«. Von ihnen, so Grass, habe er detaillierte Beschreibungen des Kampfes erhalten, die er »nie hätte erfinden können.«

Die Post arbeitet noch heute als solche, verfügt außerdem über ein Museum und dokumentiert die Vorgänge am 1.9.1939. Ein monumentales, aus Stahlplatten montiertes **Denkmal** zeigt einen Mann, der zusammengekrümmt über einem Haufen Briefen kauert und der über ihm schwebenden Siegesgöttin ein Gewehr reicht.

Origineller ist eine **Installation** im Hinterhof. Die Kapitulationsformel »Hände hoch!« hat der Künstler wörtlich genommen und zeigt tönerne Handabdrücke, die in unterschiedlicher Höhe angeordnet sind. Nicht vergessen wurden Kinderhände: Sie erinnern an Erwina, die Tochter des Hausmeisters, die bei den Kämpfen getötet wurde.

Mit dem Schiff zur Westerplatte

Von der Rechtstadt schippert das Boot flussabwärts dem Meer entgegen, vorbei an den Kränen der Werft. An der **Halbinsel Polski Hak** (Polnischer Haken) mündet die Mottlau in die Tote, d. h. durch Schleusen stillgelegte Weichsel. Hier erst beginnen Danzigs Hafenanlagen, die sich über mehrere Kilometer längs des Flusses erstrecken.

Vorbei an der runden, 500 Jahre alten **Festung Weichselmünde** 3 (Twierdza Wisłoujście) tuckert das Schiff zur **Westerplatte** 4 (s. Bild S. 52). Eine polnische Bezeichnung für sie gibt es nicht: Wegen ihrer historischen Bedeutung hat die Halbinsel – ähnlich wie Auschwitz – den deutschen Namen im Polnischen behalten. Von der Schiffsanlegestelle am Kai spazieren Sie vorbei an Ruinen zu einer ersten Open-Air-Ausstellung. Diese präsentiert die Westerplatte als deutschen Kurort, die sie vor 1918 war. Dann kommen Sie zum

Wachhaus Nr. 1 (Wartownia Nr. 1), in dem am 1. September 1939 die auf der Westerplatte stationierten 182 Polen 4000 anstürmenden deutschen Soldaten sechs Tage lang Widerstand leisteten. Von ihrem aussichtslosen Kampf handelt die Open-Air-Ausstellung **»Festung«**. An der Stelle der im Bombenhagel zerstörten Wache V befindet sich der **Friedhof der Verteidiger der Westerplatte**: Auf ihm sind Ehrenplatten für die 14 während des Angriffs Getöteten ausgelegt (die Übrigen ereilte das gleiche Los wie die Verteidiger der Post).

Das gewaltige **Denkmal der Verteidiger der Westerplatte** (Pomnik Obrońców Westerplatte, 1966) auf dem äußersten Zipfel der Landzunge besteht aus 224 Granitplatten, die an einen in den Boden gerammten Schwertgriff erinnern. Auf den zum Denkmal führenden Treppen werden bis heute Blumenkränze abgelegt.

Öffnungszeiten und Infos

Museum des Zweiten Weltkriegs 1 :
(Muzeum II Wojny Światowej)
ul. Wałowa s/n,
www.muzeum1939.pl,
mit Filiale auf der Westerplatte,
Eröffnung 2016

Polnische Post 2 :
(Muzeum Poczty Polskiej)
ul. Obrońcow Poczty Polskiej 1/2,
www.mhmg.pl,
16. Juni–15. Sept. Mo 9–13,
Di–Do 9–16, Fr–Sa 10–18,
So 10–16, sonst Di 10–15,
Mi–Fr 10–16, So 11–16 Uhr,
Eintritt 1,50 €

Festung Weichselmünde 3 :
(Twierdza Wisłoujście), u. Stara Twierdzia 1, ww.mhmg.gda.pl, Eintritt 2,50 €

Westerplatte 4 :
Von der Anlegestelle am Grünen Tor (Przystań przy Zielonej Bramie) fahren Schiffe Mitte Mai–Ende Sept. Sa, So (im Juli und Aug. mehrmals tgl.), 30 Min. eine Richtung; Tickets erhält man an der Anlegestelle, hin und zurück 12 € (www.zegluga.pl); Rundgang ca. 2 Std.; Bus 100 fährt vom Hauptbahnhof gleichfalls zur Westerplatte.

10 | Lehrstunde Geschichte – Europäisches Zentrum der Solidarität

Karte: ▶ B 2 | **Tram:** 1, 7, 8, 10: Plac Solidarności

Am historischen Ort von Massenstreiks, auf der ehemaligen Lenin-Werft, erzählt das Zentrum der Solidarität von der Revolte der Arbeiter gegen den Sozialismus. Im ultramodernen Bau am Eingang zu Danzigs Werftgelände wird die Zeit des Umbruchs vom Sozialismus zum Kapitalismus nacherlebbar – mit historischem Film- und Fotomaterial, Alltagsinstallationen und Toncollagen. Anschließend fährt man mit der Subjektiven Buslinie über das riesige Werftgelände, das sich eines Tages in eine Hansa-City verwandeln soll.

Am Eingang zur Werft

Unübersehbar erhebt sich vor dem Fabrikeingang das **Denkmal der gefallenen Werftarbeiter**  (Pomnik Poległych Stoczniówców). Drei 42 m hohe, in Stahl gegossene Kreuze erinnern an die über 45 Menschen, die bei Streiks im Dezember 1970 erschossen wurden. Neben dem Denkmal öffnet sich das Tor, dessen Bild zehn Jahre später um die Welt ging: hinter Gittern verbarrikadierte Werftarbeiter, der Anführer des Streiks, Lech Wałęsa, mit der Madonna am Jackenrevers. Die nach den Streiks gegründete Gewerkschaft Solidarność gewann binnen weniger Monate 10 Mio. Mitglieder und setzte nach Verhängung des Kriegsrechts (Dez. 1981 bis Juli 83) ihre Arbeit im Untergrund fort. Als sie wieder zugelassen wurde, spielte sie eine entscheidende Rolle bei der gesellschaftlichen Umwälzung Polens. Mit dem Friedensnobelpreis 1983 geadelt, wurde Lech Wałęsa 1990 der erste demokratisch gewählte Präsident Polens (s. S. 11). Doch die Werft vermochte er nicht zu retten – sie unterlag der Billigkonkurrenz aus Asien, Tausende Arbeiter verloren mit der Werftschließung ihren Job.

Europäisches Zentrum der Solidarität

Nun soll auf dem 73 ha großen Gelände der Werft eine ›Junge Stadt‹ entstehen. Fertiggestellt ist das **Europäische Zentrum der Solidarität** 2. In dem rostroten, an einen Schiffsrumpf erinnernden Bau wird in sechs Stationen der Untergang der Sozialistischen Volksrepublik vorgestellt, von der »Geburt der Solidarität« über den »Alltag in Volkspolen« und den »Kriegszustand« bis zum »Polnischen Papst«, der erfolgreich gegen das »gottlose Reich« agitierte.

Anhand von Filmausschnitten, Flugblättern und Installationen wird die Atmosphäre der Jahre 1980–1990 lebendig. Immer wieder überrascht die Inszenierung, so werden Doku-Filme auf Schutzhelme oder auf Kantinentische projiziert. Nicht fehlen darf das Holzbrett, auf das die Arbeiter in Krakelschrift jene Fordungen pinselten, die zur Gründung der ersten freien Gewerkschaft Polens führten – heute sind sie ein UNESCO-Weltkulturerbe.

Von einem Kran, wie ihn einst Streikführerin Anna Walentynowicz bediente, schauen die Besucher aufs damalige Geschehen. Dann fährt ein Panoramalift zur Aussichtsplattform in 30 m Höhe, von der man außer Industrieruinen auch die Recht- und Altstadt sieht. Zuletzt können Sie auf dem »Weg der Freiheit« (Droga do Wolności), einem künstlerisch gestalteten Flanierweg, in Richtung Mottlau-Ufer laufen. Oder Sie schauen sich auf dem Werftgelände um.

Kunstinitiative Wyspa 3

Die brachliegenden Werftflächen sollen nach dem Vorbild der Londoner Docklands in schicke Stadtquartiere verwandelt werden. Dazu passt es, dass im Vorfeld dieser Entwicklung die Ex-Werft die Aura von Schweiß, Stahl und Streik abstreift und von einem Arbeiter- zu einem Kulturort avanciert. Die Fabrikhallen wurden Künstlern zur Verfügung gestellt, die dort Ateliers, Werk- und Proberäume einrichteten.

Unter dem Namen **Wyspa** (= Insel) sind viele Initiativen vereint, u. a. auch die **Subjektive Buslinie** 4: Ein originaler Jelcz-Bus aus sozialistischer Zeit kutschiert Besucher durch das riesige Gelände, auf Englisch wird von der Kaiserlichen Werft bis zur Solidaritätsbewegung alles Wichtige erläutert.

Öffnungszeiten und Infos
Europäisches Zentrum der Solidarität 1:
(Europejskie Centrum Solidarności) ul. Doki s/n,
www.ecs.gda.pl/wystawa und www.fcs.org.pl, Di–So 10–17 Uhr, mit Café und Buchladen
Kunstinstitut Wyspa 3:
(Instytut Sztuki Wyspa) ul. Doki 1,

Tel. 58 718 44 46,
www.wyspa.art.pl,
Di–So 12–20 Uhr,
Eintritt frei
Subjektive Buslinie 4:
(Subiektywna Linia Autobusowa) Mobiltel. 512 05 51 76,
www.subiektywnalinia.pl,
1. Mai–30. Sept., meist 11 u. 13 Uhr, 3,50 €, Start am Denkmal, vorherige Reservierung empfohlen

11 | Schätze in der Alten Vorstadt – das Nationalmuseum

Karte: ▶ B 7 | Tram: 3, 8, 9: Okopowa

Das ehemalige Franziskanerkloster mit seinen Kreuzgängen, Festsälen und Kapellen gibt einen schönen Rahmen ab für Kunst und Kunsthandwerk. Reiche Sponsoren und Mäzene haben sie in 1000 Jahren zusammengetragen: Meisterwerke flämischer und niederländischer, englischer und deutscher Maler, allen voran Hans Memlings drastisches Gemälde »Das Jüngste Gericht«. Aus Danzigs und Pommerns Werkstätten kommen Gold- und Silberschmiedearbeiten sowie Mobiliar der Marke ›Schöner Wohnen‹ anno dazumal.

Das Kloster ist über die ul. Toruńska zugänglich: südlich der verkehrsreichen Podwale Przedmiejskie und abgeschirmt durch einen ›Kirchenwall‹ mit Abendmahls- und Dreifaltigkeitskirche (Kościół św. Trójcy), Annenkapelle (Ka-

plica św. Anny) und Predigerhaus (Dom Kazalincowy).

Aus Danzigs Kirchen

Im Foyer des **Nationalmuseums** werden Sie von einer geschnitzten Minerva begrüßt, die Kunstwerke der Hauptdiele schmückten einst Danziger Kirchen. Auf dem Dreifaltigkeitsaltar von 1483 sehen Sie eine realistische Kreuzigungsszene, flankiert von Heiligen und Vertretern der Danziger Familie Ferber. Nicht weniger eindrucksvoll ist der Reinholds-Altar, geschaffen anno 1516 von Joos van Cleve, einem berühmten Antwerpener Künstler. Auch hier laden die geschnitzten, figurenreichen und vergoldeten Szenen ein, Marias Leben zu ›lesen‹. Wenden Sie sich von der Hauptdiele nach rechts, kommen Sie in den Säulensaal, dessen Bogengewölbe auf einem einzigen Pfeiler ruht. Hier sind Schätze aus Danziger Juwelierwerkstätten zu sehen, z. B. eine

Greifenkralle, ein fein gemeißelter Silberpokal der Danziger Seemannszunft.

»Das Jüngste Gericht« – Beutekunst eines Piraten

Die meisten Besucher steuern schnurstracks den Memling-Raum an, wo hinter Panzerglas Danzigs berühmtestes Gemälde hängt. 1472 malte es Hans Memling in Brügge und gab ihm den Titel »Das Jüngste Gericht«. Drastisch wird das Leben nach dem Tod vor Augen geführt. Nackt treten die Menschen vor den Herrn, werden erst geschätzt, dann selektiert: Die Guten kommen in den Himmel, die Verdammten in ewige Finsternis. Beeindruckend ist die Detailgenauigkeit der Darstellung – von der Verzückung bis zur Verzweiflung sind viele menschliche Regungen eingefangen. Auch die Außenseiten der Flügel lohnen einen Blick: Auf der einen sind Maria und der Hl. Michael abgebildet, auf der anderen der kniende Stifter Angelo Tani mit seiner jungen Frau Katharina Tanagli.

Signore Tani, ein Florentiner Banker, der die Interessen der mächtigen Handelsfamilie Medici vertrat, schiffte sein Triptychon 1473 in Brügge Richtung Florenz ein. Doch kaum hatte das Schiff den Hafen verlassen, wurde es vom Danziger Piraten Paul Beneke gekapert, der es ›seiner‹ Marienkirche vermachte. Die Florentiner drohten, selbst der Papst schaltete sich ein – doch vergeblich, die Danziger rückten das Bild nicht heraus. Erst Napoleon gelang es 1807, ihnen das Stück vorübergehend abzunehmen. Doch damit war seine Irrfahrt nicht zu Ende: Im Zweiten Weltkrieg fiel es in die Hand der Sowjets und war in Leningrad ausgestellt, bevor es 1956 nach Danzig zurückkam. Das Original befindet sich im Nationalmuseum, das Bild in der Marienkirche ist nur eine Kopie.

Europäische Meister

Im Schatten von Memling, aber kaum weniger interessant, hängen weitere Werke flämischer Meister, z. B. Pieter de Hooch, Frans Floris und Pourbous. Kurios ist ein von Pieter Breughel d. J. bemalter Teller mit dem Titel »Der Dicke und der Dünne« – »Dick und Doof« lassen grüßen! Eine Entdeckung sind die Gemälde polnischer Impressionisten und Expressionisten: Da gibt es flirrende Frauendarstellungen von Olga Boznańska, national eingefärbte Selbstporträts von Jacek Malczewski und symbolistische Tableaus von Multitalent Witkiewicz alias Witkacy.

Zu sehen sind auch Werke deutscher Maler. Dem 1801 in Danzig geborenen Daniel Chodowiecki standen Bürger der Stadt Modell. Sie sind so einfühlsam gestaltet, dass man meint, sie stünden

Übrigens: Bei der benachbarten **Kirche der Dreifaltigkeit** 2 glaubt man einen typischen Backsteinbau vor sich zu haben – bis man die zur ul. Okopowa ausgerichtete Westfassade gesehen hat. Die drei filigranen, reich gemeißelten Giebel scheinen die märchenhafte Architektur eines Gaudí vorwegzunehmen. Der Kunsthistoriker Ernst Gall schrieb, dies sei »die feinste und zarteste Giebelgruppe des ganzen Landes, ein spätgotisches ›Rokoko‹ voll zierlichster Anmut«. Geschaffen hat sie ein gewisser Michael Enkinger 1503–14. Interessantes gibt es auch im Innern: Eine Tür am Ende des südlichen Kirchenschiffs führt zur **Annenkapelle** 3 mit schönen Tonnen- und Sterngewölben; von hier gelangen Sie durch einen versteckten Zugang in die **Abendmahlskirche** 4, deren hohes Schiff für Kunstausstellungen genutzt wird.

Replik des »Partrizierporträts« im Café Ferber

leibhaftig vor einem. Anton Möller, dessen Bild »Der Zinsgroschen« im Rechtstädtischen Rathaus hängt, ist hier mit weiteren Werken vertreten. Sein »Patrizierporträt« von 1598 dürfte Besuchern des Café Ferber bekannt sein – dort hängt eine Replik (s. S. 91). Von Lovis Corinth stammt eine »Traumnacht«, Emil Nolde schuf Blumenbilder und Max Slevogt das »Frühstück auf der Wiese«. Aus der großen Grafiksammlung – von Hans Dürer bis Max Beckmann – werden in wechselnden Ausstellungen immer neue Stücke gezeigt. Historische Stadtansichten von Danzig runden die Gemäldesammlung ab und zeigen, wie sich die Stadt im Lauf der Jahrhunderte verändert hat.

Historische Interieurs und Keramik

Vom niederländischen Stil des 16. Jh. ließen sich die Danziger Inneneinrichter inspirieren. Aus bestem Holz fabrizierten sie aufwändige Stücke, oft mit geschnitzten Ornamenten und mit Intarsien. Sie sehen schwere Schränke und Sekretäre, riesige Anrichten und ganze Kabinette.

Ein Highlight des Museums ist Polens größte Keramik-Sammlung. Sie sehen China- und Meißener Porzellan, Delfter Fayencen und Kacheln aus Danzig, Geschirr aus der Kaiserlichen Manufaktur in Cadinen (Kadyny) und Porzellanfiguren nach Entwürfen von Ernst Barlach.

Öffnungszeiten und Infos
Nationalmuseum 1:
(Muzeum Narodowe,
Oddział Sztuki Dawnej)
ul. Toruńska 1,
www.mng.gda.pl,
Di–So 10–17 Uhr
(letzter Einlass 45 Min. vor
Schließung),
Eintritt 2,50 €

12 | Ins Grüne! – nach Oliwa

Karte: ▶ Karte 4, A 2 | **Anfahrt:** SKM, Tram 2, 6, 11: Opacka

Für den weitgereisten Naturforscher Alexander von Humboldt war Oliwa einer »der schönsten Flecken der Erde«: Rings um die Kathedrale und den Abtspalast, wo die Parks in bewaldete Höhen übergehen, erscheint er idyllisch. Hier befindet sich auch Polens attraktivster Zoo: Hunderte von Exoten aus aller Welt leben in weitläufigen, artgerechten Gehegen.

Ernüchternd ist die 5 km lange Anfahrt über die ul. Zwycięstwa und Grunwaldzka. Shopping- und Outlet-Zentren, Gewerbe- und Industriegebiete reihen sich aneinander. Doch in Oliwa ist westlich der Durchgangsstraße das ländliche Idyll noch intakt und man begreift, warum es als Danzigs bestes Wohnviertel gilt. Zugleich ist es sein ältestes: 1178 schenkte Fürst Sambor von Pommerellen zugewanderten Zisterziensermönchen ein riesiges Landgut, die darauf ein Kloster bauten, Gärten und Teiche anlegten.

Im Stadtpark

Schon von weitem grüßen die hohen Türme der Kathedrale, doch zunächst passiert man den 23 ha großen **Stadtpark 1** (Park Oliwski). Symmetrisch angelegte Alleen und Beete, Hecken und Wasserläufe kontrastieren mit locker eingestreuten Wiesen und Teichen. Sie entdecken Flüstergrotten und einen Wasserfall, ein Palmenhaus mit tropischer Flora und ein Alpinarium mit Gebirgspflanzen aus aller Welt.

Eingebettet ins Parkgrün ist der der barock verspielte **Abtspalast 2** von 1746. Wo einst die Äbte des benachbarten Zisterzienserklosters residierten, befindet sich heute eine **Galerie moderner Kunst:** In Rokoko-Sälen werden Arrivierte und Newcomer der polnischen Kunstszene ausgestellt.

61

Im **Speicher** 3 gegenüber ist gleichfalls Interessantes zu sehen: Keramik »mit der blauen Blume«, Scherenschnitte und grellbunte Trachten entführen in die Welt der Kaschuben.

Die Kathedrale

Blickfang im Park ist die 1178 gegründete **Kathedrale** 4, die ›Krone‹ des Danziger Erzbistums. Mit fast 100 m Länge ist sie eine der größten des Landes. Nachdem man ein paar Stufen hinabgestiegen ist, staunt man über das von herrlichen Sterngewölben überspannte Mittelschiff. Sogartig wird man zum Ende des ›Tunnels‹ geschleust, wo ein Barockaltar mit großem Stuckhimmel wartet: Wolkenwirbel brechen hervor, dazwischen blinzeln pausbäckige Engelsköpfe.

An der Westwand des nördlichen Schiffs beeindruckt das Grabmal der reichen Familie Kos (1599, Abraham van den Blocke). Vier lebensgroße kniende Gestalten, die Männer mit dichtem Bart und Spitznase, Frau Kos mit Kinngrübchen und das Kind mit einem heruntergefallenen Schuh wirken so realistisch, als würden sie sich im nächsten Moment vom Gebet losreißen und zu den Zuschauern gesellen.

Schmuckstück der Kirche ist ein Orgelgigant mit fast 8000 Pfeifen. Vom gewaltigen Klang kann man sich im Sommer mehrmals täglich bei 15minütigen Probevorführungen sowie beim Orgelfestival überzeugen. Wenn die Orgel erklingt, klatschen Engel in die Hände, Sonne und Sterne beginnen zu kreisen – all dies zu Ehren der gleichfalls holzgeschnitzten Jungfrau Maria.

Im Zoo

Vom Stadtpark sind es gut 15 Gehminuten zu Polens schönstem **Zoo** 5: Er ist auf einem hügeligen Waldgelände angelegt – insgesamt 136 ha, erschlossen durch verschlungene Wege (und eine Bimmelbahn).

Über 600 Exoten leben in weitläufigen Gehegen, u. a. Elefanten und Löwen, Nilpferde und Zwergflusspferde, Gorillas, Schimpansen und Orang-Utans. Wild wirken Wisente, die größten (und fast ausgestorbenen) Säugetiere der europäischen Wälder.

Für die ganz Kleinen gibt es einen Streichelzoo.

Öffnungszeiten und Infos

Abtspalast/Galerie moderner Kunst 2:
(Pałac Opatów/Galeria Sztuki Współczesnej)
ul. Cystersów 18,
www.muzeum.narodowe.gda.pl,
Mai–Sept. Di–So 10–17 (Do 12–19),
Okt.–April Di–So 9–16 Uhr,
Eintritt 2,50 €

Speicher/Ethnographisches Museum 3:
(Spichlerz/Muzeum Etnograficzne)
ul. Cystersów 19,
www.muzeum.narodowe.gda.pl,
Öffnungszeiten wie Galerie,
Eintritt 2 €

Kathedrale 4: (Katedra)
ul. Biskupa Edmunda Nowickiego 5,
www.archikatedraoliwa.pl,
Mo–Fr 10–18, Sa 10–13.30,
So 14–17 Uhr

Zoo 5: (Ogród zoologiczny)
ul. Karwieńska 3,
Tel. 58 552 17 51,
www.zoo.gd.pl,
April 9–17, Mai–Sept. tgl. 9–19,
Okt. 9–17, Nov.–März 9–15 Uhr,
Eintritt 4,50 €.

13 | Wellness an der Küste – in Sopot

Karte: ▶ Karte 3 | **SKM:** Sopot Kamienny Potok

Nach dem Sightseeing in Danzig entspannt man sich im 12 km nördlich gelegenen Sopot: Mit erstklassigen Strandhotels wie Grand und Sheraton, mit Seesteg und Marina, Nord- und Südbad, Kurhaus und Waldoper ist Sopot so schön wie in der Belle Epoque, als sich hier Erb- und Geldadel die Klinke in die Hand gab. Manche sagen, heute sei es noch schöner …

Seinen Aufstieg verdankt der Badeort Sopot Napoleons Leibarzt Jean George Haffner. Der ›lustige französische Doktor‹ wollte, wie er schrieb, »in der paradiesischen Gegend eine Seebadeanstalt begründen, die allen Anforderungen der Arzneikunde, des Geschmacks und des Vergnügens entspricht«. Wer es sich leisten konnte, ließ sich hier eine Sommervilla in Bäderarchitektur erbauen – mit Erker, Turmausguck und Glasveranda. Mehr als jeder andere Ort der polnischen Ostseeküste gilt Sopot heute als *the place to be:* Wer Geld hat, poliert eine alte Villa auf oder baut sich eine neue, verbringt hier gerne den Sommer.

Monciak und Mole

Mittelpunkt von Sopot ist die Flaniermeile **Bohaterów Monte Cassino** ❶, von den Bewohnern Monciak genannt. Sie führt von der Kirche nahe dem Bahnhof zum Meer hinab und ist von Terrassencafés gesäumt.

Ein Hingucker ist das **Schiefe Haus** ❷ (Krzywy Domek, Nr. 53), eine von Gaudí inspirierte Einkaufspassage. Fast am Meer weitet sich die Flanierstraße zum **Plac Zdrojowy** ❸, der vom pompösen **Kurhaus** ❹ (Dom Zdrojowy) abgeschlossen wird. Dieses wurde 2012 erbaut und zitiert mit seiner strahlenden Fassade, Rundfenstern und kuppelgekrönter Rotunde den im Krieg zerstörten Vorgänger. Im Kurhaus können Sie die **Staatliche Kunstgalerie** 5 besuchen, die auf mehreren Etagen attraktive Ausstellungen zeigt. Die **Touristeninfo** 6 ist über einen seitwärts angebrachten Panoramalift (2. Stock) erreichbar. Noch einen Stock höher können Sie am **Trinkbrunnen** 7 Sopots salzhaltiges Mineralwasser kosten, das aus der Adalbertquelle hochgepumt wird.

Mit dem Kurhaus verbunden ist das Hotel **Sheraton** 8, in dessen Spa ausschließlich Sopots Heilwasser verwendet wird. Wer keine Lust auf eine Bäderkur hat, inspiziert den seezugewandten Kuppelbau mit dem Café Rotunda.

In Verlängerung der Promenade ragt eine hölzerne **Seebrücke** 9 aufs Meer; mit 512 m die längste der Ostsee. Auf ihr nimmt man ein Sonnenbad oder wirft den im Wasser wartenden Schwänen Brot zu, schlürft Cocktails im Café oder besteigt ein Ausflugsschiff. Von der Marina am Molenende lässt sich Sopots Küste wunderbar überblicken! Zu beiden Seiten der Brücke erstreckt sich ein herrlich weißer **Sandstrand** 10. Er wird auf einer Länge von 10 km von einer Promende für Spaziergänger und Radfahrer gesäumt. Diese verläuft im dichten Grün alter Bäume; landeinwärts stehen in Gärten Hotels und Pensionen.

Nördlich der Mole

Neben dem Sheraton prunkt das schlossartige **Grand Hotel** 11. Seit seiner Gründung 1926 ist es der mondäne Treffpunkt der Stadt, Quartier für Promis und Politiker.

Ans Grand Hotel schließt sich das Strandtheater **Atelier** 12 an (mit Bar und Café), angrenzend die ›Kunstbucht‹ **Zatoka Sztuki** 13 im ehemaligen Nordbad: ein weißes Holzhaus mit Terrassencafé, oft finden hier kulturelle Happenings statt.

700 m nördlich, etwas landeinwärts, wurde auf einem bewaldeten Hügel Sopots Ursprung rekonstruiert: Die Ruinen einer slawischen Wehrsiedlung vom 8. bis 14. Jh. sind in den Nachbau der **Sopot Festung** 14 integriert. Ausgestellt werden u. a. gefundene Speerspitzen und Keramiken.

Südlich der Mole

Südlich des Kurhauses steht der **Badepalast** 15 (Zakład Balneologiczny): ein Lustschlösschen mit haubengespickten Türmchen anno 1904. Der mittlere, der als **Leuchtturm** 16 dient, kann bestiegen werden und bietet einen weiten Blick über die Danziger Bucht. Nebenan sprudelt aus der 800 m tiefen Adalbert-Quelle Sopots Mineralwasser in den Pilzbrunnen – Sie können sich gratis bedienen!

Von skandinavischen Sagen ist das **Südbad** 17 (Łazienki Południowe) inspiriert: Das aus Holz erbaute Gebäude ist mit geschnitzten Erkern, Drachen- und Greifenfiguren verziert, die steilen Knickdächer krönen spitzgieblige Türmchen. Die Anlage wirkt so exotisch, dass man sich nicht daran stört, darin ein asiatisch inspiriertes Hotel und Restaurant zu finden. Nebenan befindet sich der kleine **Südpark** 18 mit der evangelischen Heilandkirche (1919) und einem Wasserbrunnen.

Ein Stück weiter südlich entdecken Sie in einer Strandvilla das **Stadtmuseum** 19. Das Haus, 1903 für den Danziger Zuckerbaron Claassen errichtet, zeichnet Sopots Karriere vom Fischernest zum mondänen Badeort nach. Historische Fotos zeigen blasse Damen mit Sonnenhut, Kinder im Matrosenanzug und Badegäste in voller Montur. Fischer der umliegenden Dörfer waren angehalten, sich ordentlich zu kleiden, um in den Augen der Herrschaften kein Missfallen zu erregen. Fein säuberlich sind auf der »Fremdenliste« alle vornehmen Gäste vermerkt. Im Wochenspiegel von anno dazumal sind all jene Hasardeure vermerkt, die ihr Vermögen im Kasino verspielten und dann auf der »Galgenpromenade« freiwillig aus dem Leben schieden. Ausgestellt sind Postkarten und Souvenirs, Hotelgeschirr mit der Aufschrift »Miramare« und riesige Reisekoffer.

Folgt man dem Strand bzw. der Promenade südwärts, bieten Pagoden-Pavillons kühle Drinks und fischige Snacks, ein besonders schöner Flecken ist die **Anlegestelle der Fischer 20**. Bunte Boote liegen im Sand, ihre Wimpel sind vom Wind zerzaust. Der Fang landet in kleinen Räuchereien (Schild: *Ryby Wędzone)*. Hier können Sie Aal, Dorsch und Lachs kaufen und am Strand verzehren. Oder Sie kehren nebenan im Przystań Rybacki ein. Am Tresen suchen Sie aus, was Ihnen gefällt, ziehen eine Nummer, die, sobald der Fisch zubereitet ist, ausgerufen wird.

Fast am Südende von Sopot liegt das **Mera Spa Hotel 21**. Mit seinen klaren Formen und Naturmaterialien fügt es sich harmonisch in die Strandkulisse ein. Skandinavien lässt grüßen – kein Wunder: Das Haus gehört der Ikea-Foundation! Schön ist das von der Promenade zugängliche Terrassen-Café. Und auch das Spa mit Whirlpools, Thermalbad und schwarz gestylter Saunalandschaft steht allen offen. Die große Wellness-Abteilung vom ›Bernsteinzimmer‹ bis zum ›Meereskabinett‹ gehört zu den schönsten der Ostsee.

Das obere Sopot

Von der Küste steigt das Land terrassenförmig zu bewaldeten Hügeln an. Auch hier sind die Straßen von schönen Häusern gesäumt, eines davon ist der **Dworek Sierakowskich 22**, eine Sommerfrische aus dem 18. Jh., heute ein Gartencafé mit Galerie.

Noch weiter oben steht die **Waldoper 23** (Opera Leśna) von 1909, ein Open-Air-Theater unter einem riesigen Faltdach. Seit Jahrzehnten findet hier im August ein Liederfestival statt, zu dem schon Stars wie Abba, Tina Turner und Whitney Houston eingeladen waren.

Infos

Touristeninfo 6:
pl. Zdrojowy 2 (2. Stock),
Tel. 58 550 37 83,
www.sts.sopot.pl,
tgl. 10–18, im Sommer 10–20 Uhr

Öffnungszeiten

Schiefes Haus 2:
(Krzywy Domek)
ul. Bohaterów Monte Cassino 53
Staatliche Kunstgalerie 5:
(Państwowa Galeria Sztuki)
pl. Zdrojowy,
www.pgs.pl,
Di–So 11–19, 2 €

Seebrücke 9: (Molo)
www.molo.sopot.pl,
tgl. 8–22 Uhr, Eintritt 2 €
Leuchtturm 16:
(Latarnia Morska)
pl. Zdrojowy/ul. Grunwaldzka 1–3,
bei gutem Wetter von 10 Uhr bis Einbruch der Dunkelheit, 1,50 €
Sopot Festung 14:
(Skansen Archeologiczny Grodzisko)
ul. Haffnera 63,
www.archeologia.pl/grodziskosopot,
Di–So 9–17 Uhr, 2 €
Stadtmuseum 19:
(Muzeum Sopotu)
ul. Poniatowskiego 8,

www.muzeumsopotu.pl,
Di–Mi 10–16, Do 12–18,
Fr 10–16, Sa, So 12–18 Uhr,
1,50 €

Spa

Sheraton Sopot 8 : ul. Powstańcow
Warszawy 10, Tel. 58 767 19 00,
www.sheratonsopotspa.pl
(s. S. 89)
Mera Spa 21 :
ul. Bitwy Pod Płowcami 59,
Tel. 58 766 60 80,
www.meraspahotel.pl
(s. S. 88)

Unterkunft

s. Kapitel Übernachten S. 86

Essen unterwegs

Przystań Rybacki 1 : al. Wojska
Polskiego 11 (Strandzugang 32),
www.barprzystan.pl,
Tel. 58 555 06 61,
Hauptgerichte ab 4 €
Dworek Sierakowskich 22 :
ul. Czyżewskiego 12,
Tel. 58 551 07 56,
www.tps-dworek.pl,
Hauptgerichte ab 4 €
weitere Empfehlungen s. ab S. 90

14 | Von Sopot gen Norden – am Fuß der Adlerklippen

Karte: ▶ Karte 4, A 1/2 | **SKM:** Sopot Kamienny Potok

Hier fühlen Sie sich in die Südsee versetzt: Laufen Sie von Sopots Seesteg durch weißen, samtweichen Sand nordwärts, blicken Sie nach links auf dichten Wald und rechts aufs blaue Meer. Je weiter Sie voranschreiten, desto einsamer wird es – bald sind Möwen Ihre einzigen Begleiter. Sie passieren den Weiler Orłowo, wo Sie bei Fischern einkehren können und erreichen wenig später die bizarr erodierten Adlerklippen – ein herrlich wilder Flecken! Wer gut zu Fuß ist, läuft weiter bis Gdynia.

Start an Sopots Seebrücke

Von **Sopots Seebrücke** 1 gehen Sie nordwärts, vorbei am Sheraton und Grand Hotel. Hinter dem ehemaligen Nordbad, der ›Kunstbucht‹ **Zatoka Sztuki** 2 und der ›Fischerhütte‹ **Chata Rybacka Piaskownica** 1 lassen

Sie alle Häuser hinter sich. Ein Parkgürtel, in den sich Buchen, Eichen und Kiefern mischen, schirmt den Strand vom Hinterland ab. Und der Strand kann sich sehen lassen! Breit ist er, weiß und fein wie Puder – wäre nicht der baltische Strandhafer, fühlte man sich in die Südsee versetzt! Muscheln und angeschwemmtes Treibholz liegen im Sand und es riecht nach Tang. Nach 1,5 km kommen Sie zu einer kleinen Mole; aus Reet geflochtene Sonnenschirme spenden Schatten.

Am Adlerhorst

Weiter stapfen Sie durch Sand und sehen schon von weitem die **Mole von Orłowo** 3 (Adlerhorst). Jenseits der Mole entdecken Sie auf einer Bank eine mannsgroße Bronzefigur: Ein Maler hält auf Leinwand die Küste fest, neben ihm liegt eine Palette. Schon immer hat die Küste Künstler angelockt, die sich von der Meereslust inspirieren ließen. Im

Kliff bei Orłowo

ehemaligen Gasthaus, einem restaurierten Fachwerk-Backsteinbau, ist passenderweise eine **Kunstakademie** 4 untergebracht. Im Garten und im Hinterhof stehen Skulpturen, weitere Werke sind in der Debüt-Galerie ausgestellt. Fischer haben am Meer Boote aufgebockt, neben denen sich bunte Kisten für den Fang stapeln. Von einer Räucherei wehen Düfte heran, die Lust machen, in der angrenzenden **Tawerna Orłowska** 2 einzukehren. Zwar ist

das Ambiente nicht umwerfend, doch der Fisch ist frisch und der Blick reicht weit aufs Meer.

Eine Alternative bietet sich gegenüber im **Żeromski-Haus** 5 . Hier sitzen Sie gemütlich in Strandkörben im Garten neben ausrangiertem Fischergerät. Angeschlossen ist ein kleines Museum, das dem Schriftsteller Stefan Żeromski (1864–1925) gewidmet ist. Er lebte hier in den 1920er Jahren und schrieb sich mit Romanen wie »Wind vom Meer« in die Herzen der Polen ein. Ausgestellt sind seine Bücher und historische Fotos.

Klippen-Finale an der Redlauer Kämpe

Nach einer Stärkung folgen Sie der Küste nordwärts. Die Hügel werfen sich zu den über 90 m hohen, von der Brandung angesägten Adlerklippen von **Redłowo**  (Redlauer Kämpe) auf.

Am Fuß des Kliffs verläuft ein schmaler, von Steinen durchsetzter Strand, auf dem herabgestürzte Bäume quer liegen. Gehen Sie um das Kap, den sogenannten ersten Haken herum, sehen Sie in der Ferne die weiße Silhouette von Gdynia wie eine ins Meer geworfene Sichel.

Sind Sie gut zu Fuß, laufen Sie an einem ›zweiten Haken‹ vorbei und erreichen nach 5 km Gdynia.

Infos
Länge/Dauer: 10 km/3–4 Std. Gehzeit hin und zurück. Sie können die Tour jederzeit abbrechen und am Strand oder landeinwärts durch Wald nach Sopot zurücklaufen. Badesachen nicht vergessen!
Kunstakademie/Debüt-Galerie 4: (Zespół Szkół Plastycznych/Galeria Debiut) ul. Orłowska 8, unregelmäßig geöffnet, Eintritt frei

Essen & Trinken
Zatoka Sztuki 2: al. Mamuszki 14, Tel. 58 585 80 65, www.mcka.pl, tgl. 9–23 Uhr, Hauptgerichte ab 4 €. ›Kunstbucht‹ am Strand mit informellem Lokal.
Chata Rybacka Piaskownica 1: ul. Powstancow Warszawy 93, www.piaskownicasopot.pl, tgl. 9–23 Uhr, Hauptgerichte ab 4 €. Urige ›Fischerhütte‹ mit Frühstück, Hausmanns- und Fischkost; im Winter heiße Schokolade am Kamin.
Tawerna Orłowska 2: ul. Orłowska 3 (Orłowo), Tel. 58 622 22 20, www.tawernaorlowska.pl, tgl. ab 11 Uhr, Hauptgerichte ab 5 €, Fisch mit Meerblick.
Żeromski-Haus 5: (Domek Żeromskiego) ul. Orłowska 6, tgl. 9–20 Uhr, Hauptgerichte ab 4 €; Museum Sa 11–14, So 12–16 Uhr, Eintritt frei.

15 | Maritime Traditionen – in Gdynia

Karte: ► Karte 4, A 1 | **SKM:** Gdynia Główna

Die nördlichste Stadt des Dreierbunds entstand in den 1920er und 30er Jahren im reinsten Bauhausstil. Doch nicht nur architektonisch ist sie interessant. Mit einem Emigrantenmuseum, dem Technologie- und Wissenschaftspark sowie dem Aquarium auf der Südmole nimmt sie auf vielfältige Art das Meer ins Visier.

Roter Backstein ist in Gdynia nicht zu finden, und auch Spuren der Gotik sucht man vergebens. Außer Brasilia und Tel Aviv gibt es weltweit keine Stadt mit einer derartigen Fülle an Gebäuden im Stil des Bauhauses und der Neuen Sachlichkeit. Als ›Polens Tor zur Welt‹ war für Gdynia das Beste gerade gut genug – Architekten entwarfen eine Modellstadt, die bis heute nichts von ihrer Modernität eingebüßt hat. Klare Formen und große Fensterfronten, Luft und Licht sorgen für Wohnqualität. Dazu unterstreichen maritime Motive Gdynias Seecharakter: Aufbauten, die an Kommandobrücken erinnern, abgerundete Kanten, Masten und Bullaugen.

Hauptachse der Stadt ist die parallel zur Küste verlaufende Świętojańska. Mit der ul. 10 Lutego kreuzt sie sich am langgestreckten **Kościuszki-Platz** (Skwer Kościuszki), der sich zur Südmole (Moło Południowe) verlängert. Im Schatten der Sea Towers, die zu Polens höchsten Häusern zählen, liegen alle maritimen Attraktionen eng beisammen.

Südmole

An der Südmole sind drei **Museumsschiffe** vertäut, die man während der Sommermonate besichtigen kann. Die **»Błyskawica«** 1 (Blitz), ein Torpedozerstörer, 114 m lang und 11,5 m breit, war das Vorzeigeschiff der polnischen Marine im Zweiten Weltkrieg und nahm 1944 an der Landung in der Normandie teil. Die 72 m lange **»Dar Pomorza«** **2**, ein strahlend weißer Windjammer mit über 41 m hohen Masten, lief 1901 in Hamburg als »Prinz Eitel Friedrich« vom Stapel und fiel im Rahmen der Reparationszahlungen 1918 an Frankreich. Mit Spenden der Bevölkerung *(Dar Pomorza = Geschenk Pommerns)* wurde sie von der polnischen Regierung als Schulschiff erworben. Sie umsegelte 50 Jahre die Welt, bevor sie 1983 ihren festen Standort in Gdynia fand. Das Nachfolgeschiff hat den Namen **»Dar Młodzieży«** (Geschenk der Jugend) und legt nach jeder Seereise hinter der »Dar Pomorza« an.

Am Ende der Mole steht das **Joseph-Conrad-Monument** **3**. Der Seefahrer und Schriftsteller bringt wie kaum ein anderer die Sehnsucht nach dem Meer zum Ausdruck. Eigentlich hieß er Józef Konrad Korzeniowski (1857–1924) und wuchs in Krakau auf, um als junger Mann das besetzte Polen zu verlassen. Mit seinem Roman »Herz der Finsternis«, das er auf Englisch verfasste, ging er in die Weltliteratur ein.

Was sich unter der Meeresoberfläche verbirgt, wird im **Aquarium** **4** vorgeführt. Dieses hat zwar schon bessere Tage gesehen, dennoch überrascht die Vielfalt der Seetiere aus aller Welt – das Spektrum reicht vom Zwergkrokodil bis zur Schildkröte, von der australischen Qualle bis zum Amazonas-Arapaima. Eine große, maßstabstreue Reliefkarte gibt Aufschluss über die Beschaffenheit des Ostseebodens: Dieser ist keinesfalls nur sandig und flach, sondern von unterseeischen Tälern und Schluchten zerfurcht.

Die Südmole grenzt an den Jachthafen, daran vorbei kommt man zum **Museum der Kriegsmarine** **5**. Großartig ist die Architektur, traditionell-textlastig die Präsentation (nur Polnisch!). Nicht alle Besucher begeistern sich am Garten mit seinen Flugzeugen, Panzern und Kanonen.

Strände

Sobald sich die Sonne blicken lässt, belebt sich der **Stadtstrand** **6** (Plaża Śródmieście): Hier wird Beachvolleyball gespielt, Kinder toben auf einem Spielplatz und Pavillons bieten Stärkung. Doch weil das Wasser im Bereich der Mole nicht immer sauber ist, wird wenig gebadet. Dafür wird umso mehr flaniert: Am Stadtstrand startet eine breite begrünte **Promenade** **7**, die 2 km südwärts führt. Wie in Sopot ist sie durch einen dichten Parkgürtel von der Stadt abgetrennt, sodass man das Gefühl hat, der Stadt entrückt zu sein. Biker, Skater und Jogger haben hier einen Parade-Parcours, den sie von morgens bis abends nutzen. Wohl nirgends in der Dreistadt geht es so entspannt zu wie hier – wenige Touristen haben diesen Flecken bisher entdeckt!

Wo die Promenade an einer kleinen Mole ausklingt, beginnt der helle, wilde und kilometerlange Strand von **Redłowo** **8** (Redlauer Kämpe). Fünf Kilometer verläuft er am Fuß bewaldeter Klippen bis Orłowo und weiter bis Sopot (s. S. 67).

Nordmole

Im ehemaligen Seebahnhof (Dworzec Morski), von dem früher Tausende in See stachen, um ihr Glück in Übersee zu suchen, entsteht das **Museum der Emigration** **9**. Darin werden die Biographien jener Bewohner nachgezeichnet, die Armut und Not aus dem Land zwangen. Dass die meisten in der Neuen Welt nicht das große Glück, sondern ein entbehrungsreiches Leben erwartete, wird in der Ausstellung nicht ausgespart. Schätzungsweise 20 Mio. Menschen mit polnischem Migrationshintergrund gibt es auf der Welt, als größte

Das Joseph-Conrad-Monument erinnert an den Seefahrer und Schriftsteller

›polnische Stadt‹ nach Warschau gilt Chicago.

Landeinwärts

Die **Gdynia Info Box** 🔟, die aussieht, als wären mehrere Container übereinandergestapelt, veranschaulicht multimedial und anhand von 1700 Modellen, wie die Stadt eines nicht mehr fernen Tages aussehen soll. Dagegen widmet sich das **Stadtmuseum** 🔟 der Vergangenheit. Es illustriert Gdynias Aufstieg vom Fischernest zu Polens ›Tor zur Welt‹. Der Aufstieg begann 1919 mit dem Versailler Vertrag, als die neue Republik Polen nördlich von Danzig den ersehnten Zugang zum Meer erhielt. Im Eiltempo wurde eine Küstenstadt aus dem Boden gestampft und mit ihr ein riesiger Hafen – schon bald wurde über ihn fast der gesamte Außenhandel des Landes abgewickelt. 1939 verleibte sich

Deutschland die Hafenstadt ein und taufte sie um in »Gotenhafen«, womit unterstrichen wurde, dass dies »urdeutsches« Territorium sei. 1944 von alliierten Bombern beschossen, musste Gdynia nach dem Krieg weitgehend neu aufgebaut werden.

Mit Geschichte hat der **Wissenschafts- und Technologiepark** 🔟 im Süden der Stadt nichts zu tun. Sein Herzstück ist ein großer Glasbau, das **Experyment.** Darin können Kinder herausfinden, wie die Welt um sie herum funktioniert. Sie dürfen forschen und experimentieren, spielerisch die elementaren Gesetze der Naturwissenschaft erleben. Highlight des Museums ist die »Hydrowelt«: Hier werden Sie mit allen Facetten von Wasser bekannt gemacht, erfahren, wie Wasserkraftwerke funktionieren und können einen 2 m hohen Wasserstrudel erzeugen.

Öffnungszeiten und Infos

Touristeninfo: ul. 10 Lutego 24, Tel. 58 622 37 66, www.gdyniaturystyczna.pl, Mo–Fr 9–17, Sa 9–15 Uhr. Im ehemaligen Gebäude der Polnischen Seelinie.

Błyskawica 1: Skwer Kościuszki/al. Jana Pawła II (Nabrzeże Pomorskie), www.navy.mw.mil.pl, 1.5.–30.9. Di–So 10–16 Uhr, Eintritt 2 €

Dar Pomorza 2: Skwer Kościuszki/al. Jana Pawła II (Nabrzeże Pomorskie), www.cmm.pl, Di–So 10–16 Uhr, Eintritt 2 €

Aquarium 4: (Akwarium Gdyńskie) al. Jana Pawła II 1, ww.akwarium.gdynia.pl, April–Mai 9–19, Juni-Aug. 9–20, Sept. 9–19, Okt.–März 10–17 Uhr, Nov.–Febr. Mo geschl., 6 €

Museum der Kriegsmarine 5: (Muzeum Marynarki Wojennej) ul. Zawiszy Czarnego 1, www.muzeummw.pl, Di–So 10–17 Uhr, Eintritt 2,50 €

Museum der Emigration 9: (Muzeum Emigracji): ul. Polska 1, www.muzeumemigracji.pl, Eröffnung 2015

Gdynia InfoBox 10: ul. Świętojańska 30, www.gdyniainfobox.pl, Mo–Fr 10–19, Sa 12–18, So 12–19 Uhr; mit Café

Stadtmuseum 11: (Muzeum Miasta) ul. Zawiszy Czarnego 1, www.muzeumgdynia.pl, www.muzeummw.pl, Di–So 10–17 Uhr, Eintritt 2 €

Wissenschaftszentrum Experyment 12: (Centrum Nauki Experyment): al. Zwycięstwa 96/98, www.experyment.gdynia.pl, Di–Fr 9–18, Sa, So 10–19 Uhr, Eintritt 5 €

Unterkunft

s. Kapitel Übernachten S. 86

Essen unterwegs

Vinegre di Rucola 1: ul. Zawiszy Czarnego 1-B, Mobiltel. 798 08 07 98, www.vinegre.pl, tgl. 10–23 Uhr. Tapas ab 3 €. Mit dem Lift fahren Sie in das Obergeschoss des Museums der Kriegsmarine und blicken von der Terrasse auf den Hafen. In schnörkellos modernem Ambiente wird mediterrane Küche serviert, viel Salat und Pizza.

Barracuda 2: Bulwar Nadmorski 10, Tel. 58 620 80 00, http://barracuda.net.pl, tgl. 12–23 Uhr, Hauptgerichte ab 7 €. Zum modern-maritimen Ambiente passt die Meeresküche. Von der Terrasse schöner Sonnenuntergang!

Noch mehr Danzig

St. Johanneskirche

Kościół św. Jana ► Karte 2, D 5
ul. Świętojańska 50,
www.sw-jan.vn.pl, tgl. 10–18 Uhr
Aufgrund ihrer Größe ist sie eine Landmarke in der Stadt: Die von Deutschen Ordensrittern gegründete Kirche wurde Mitte des 14. Jh. auf sumpfigen Grund gebaut, was ihr viel Unglück gebracht hat: Durch das Absinken des Fundaments stürzten immer wieder Säulen und Gewölbe ein. Hinzu kam, dass die Kirche 1945 fast komplett ausbrannte – jahrzehntelang bestand sie nur als ›lebendige Ruine‹. Umso wundersamer war ihre Auferstehung: Zur Jahrtausendwende wurden die Katakomben mit Beton befestigt und die Fassaden aufwändig saniert. Innen beeindruckt der 12 m hohe, von Abraham van den Blocke in Gotland-Sandstein gemeißelte Hochaltar. Von unten bis oben mit Reliefs bedeckt, erscheint er als eine große Skulptur (1612). Rechts davon steht ein fast ebenso hohes, helles Epitaph – ganz oben schwenkt Chronos, der Gott der Zeit, seine Sense. Die Johanneskirche wird vom Baltischen Kulturzentrum bespielt: Die drei nackten Backsteinschiffe bilden den Rahmen für Gegenwartskunst; aufgrund der hervorragenden Akustik finden häufig Konzerte statt. Zur Sonntagsmesse um 12 Uhr erklingt zeitgenössische Musik, oft von Performances begleitet.

Tipps für Museumsbesucher
Die **Touristenkarte** (s. S. 20) erlaubt freien Zugang zu etwa 20 Museen.
Ermäßiger Eintritt: Mit 1–5 € ist der Eintrittspreis in die Museen der Dreistadt niedrig. Noch günstiger ist er für Kinder unter zwölf Jahren sowie Studenten und Senioren (Ausweis nicht vergessen!); achten Sie auch auf spezielle Familien- und Gruppentickets.
Eintrittsfreie Tage: An einem Tag der Woche ist für alle der Besuch frei, den für das laufende Jahr gültigen Tag erfährt man bei der Touristeninfo.
Ruhetage: Fast immer ist Montag Ruhetag, an polnischen Feiertagen bleiben die meisten Museen geschlossen.

Museen und Galerien

Archäolgisches Bildungszentrum Blauer Löwe ► C/D 7
Centrum Edukacji Archeologicznej Błękitny Lew
*ul. Chmielna 53, www.blekitnybara
nek.pl, Di–So 9–17 Uhr, Eintritt 2,50 €,
Straßenbahn 8, 13 bis Haltestelle
Chmielna*
Das einzige Gebäude der Speicherinsel, das den Zweiten Weltkrieg überstanden hat, ist der Speicher zum Blauen Lamm (poln. *baranek*), heute seltsamerweise umgetauft in einen Blauen Löwen (poln. *błękitny lew*). Auf den sieben Etagen des Speichers werden Sie ins Danziger Mittelalter entführt. Sie wandern

durch original eingerichtete Werkstätten, lernen Schuhmacher und Schneider, Gerber und Münzpräger kennen, besuchen einen alchemistischen Apotheker und bekommen Lust, in ein altes Badehaus zu steigen. Hintergrundgeräusche von Kirchenglocken, Marktschreiern und Tieren machen das Geschehen lebendig, auch Gerüche fehlen nicht! Ein Film zur Geschichte der Speicherinsel rundet den Besuch ab, eine Ausstellung dokumentiert die Arbeit der Danziger Archäologen.

Centrum Hewelianum ▶ A 3

ul. Gradowa 6, www.hewelianum.pl, Di–Fr 8.30–15.30, Sa, So 10–16 Uhr (1.11.–31.3. kürzer), »Zeitmaschine« frei, »Energie, Himmel und Sonne« Eintritt 2 €; Anmarsch zu Fuß: Hinter dem Friedhof der nicht existierenden Friedhöfe (s. S. 76) geht es durch einen Park bis zur ul. Gradowa, auf ihr links bergauf

Auf dem Hagelsberg (Góra Gradowa) hinter dem Hauptbahnhof steht das Fort, Teil der früheren Befestigungsanlagen. In den zwölf frei zugänglichen Kasematten dokumentiert die Ausstellung »Zeitmaschine – der Mensch und die Kanone« wie es hier vom Dreißigjährigen Krieg bis zum Zweiten Weltkrieg zugegangen ist. In Backsteinstollen stehen lebensgroße Soldaten in historischer Uniform; maßstabsgetreue Modelle illustrieren den Festungsalltag.

Das Fort entstand zur gleichen Zeit, als Johannes Hevelius (s. S. 8) geboren wurde – nach ihm ist das Fort benannt und ihm ist die zweite Ausstellung gewidmet: Sie heißt »Energie, Himmel und Sonne« und erläutert anhand von 65 multimedialen Versuchsstationen die Welt der Astronomie.

Den Gipfel des Hagelsbergs krönt ein rostrotes Milleniumskreuz, das 1997 – zum 1000jährigen Jubiläum Danzigs –

aufgestellt wurde. Weit reicht von hier der Blick über die historischen Viertel und die Hafenkräne bis zur Danziger Bucht.

Danziger Stadtgalerie 1 & 2
Gdańska Galeria Miejska 1 & 2

▶ Karte 2, C 6 und D 6
Nr. 1: ul. Piwna 27–29
Nr. 2: ul. Powróźnicza 13–15,
www.ggm.gda.pl, Di–Mi 11–17,
Do–So 11–19 Uhr, Eintritt frei
Die beiden öffentlichen Galerien der Rechtstadt zeigen zeitgenössische Kunst: Nr. 1 stellt Werke von Polen, Nr. 2 Werke von Ausländern aus.

Zentrum zeitgenössischer Kunst Łaźnia ▶ D 8
Centrum Sztuki Współczesnej Łaźnia

ul. Jaskółcza 1, Dolne Miasto (15 Gehmin. vom Grünen Tor), Tel. 58 305 40 50, www.laznia.pl, Di–Mi 12–18, Do 12–20, Fr–So 12–18 Uhr, Eintritt 2 €; mit einer Filiale, gleichfalls in einem ehemaligen Badehaus in Nowy Port: Łaznia 2, ul. Strajku Dokerów 5.

Überraschendes erwartet Sie in einem ehemaligen Badehaus (*łaznia* = Bad) in der Niederstadt: Seit es 1998 in ein Kulturzentrum verwandelt wurde, gilt es als einer der interessantesten Orte für junge, unabhängige Kunst in Polen. Das ganze Land horchte auf, als hier Dorota Nieznalska in ihrer Installation »Passion« männliche Genitalien in einem kreuzförmigen Leuchtkasten zeigte. Im erzkatholischen Polen ließ die Antwort nicht lange auf sich warten. Es hieß, das Werk verletze religiöse Gefühle, woraufhin ein Gericht die Künstlerin zu sechs Monaten gemeinnütziger Arbeit sowie Arrest verurteilte! Łaznia organisiert Konzerte experimenteller Musik und Theater, Filmschauen und audiovisuelle Vorführungen.

Das Denkmal des Kindertransports vor dem Danziger Hauptbahnhof

Denkmäler und Gebäude

Friedhof der nicht existierenden Friedhöfe ▶ A 3
Cmentarz Nieistniejących Cmentarzy
ul. 3 Maja, vom Hauptbahnhof (Gdańsk Główny) durch den Tunnel zum Busbahnhof, nach 150 m rechts
In einem Park neben der mittelalterlichen Fronleichnamskirche wurde 2002 ein ungewöhnliches Denkmal eingeweiht. Durch ein schmiedeeisernes Tor betritt man eine kleine Fläche, in deren Mitte eine Art Opferaltar steht. In seine Granitwand ist ein Vers von Mascha Kaleko gemeißelt: »Den Hunderttausend, die kein Grabstein nennt und die nur Gott allein beim Namen kennt.« Der Altar ist aus ehemaligen Grabplatten zusammengefügt, ringsum stehen Grabsteine ehemaliger Danziger Friedhöfe. 27 Danziger Gottesacker, darunter deutsche und jüdische, wurden nach 1945 eingeebnet, weil es keine Angehörigen gab, die sich um die Gräber hätten kümmen können.

Hauptbahnhof ▶ A 4
Gdańsk Główny
ul. Podwale Grodzkie
Danzigs Bahnhof ist eine Sehenswürdigkeit! Sein 48 m hoher Turm ahmt den des Rechtstädtischen Rathaus nach, seine Backsteinfassade zitiert gotische Giebel, Pfeiler und Maßwerkfenster. Um 1900 erbaut, kündet er von einer Zeit, als Reisen das Entree in eine Welt der Abenteuer war, Aufbruch in eine unbekannte Fremde.

Vor dem Bahnhof zeigt ein Denkmal fünf lebensgroße, etwas verloren wirkende Kinder mit Koffern. Es will an jene ca. 10 000 jüdischen Kinder erinnern, die 1939 nach England ausreisten und damit ihrem sicheren Tod entgingen. Das Denkmal des Kindertransports (Pomnik Kindertransportu) wurde 2009 vom israelischen Bildhauer Frank Meisler geschaffen – er war eines jener Kinder …

Leuchtturm Neufahrwasser
▶ Karte 4, B 2
Latarnia Morska Nowy Port
*ul. Przemysłowa 6-A, Nowy Port
(8 km nördl. des Zentrums),
www.latarnia.gda.pl, nur Mai–Sept.
tgl. 10–18, Zeitball 12, 14, 16, 18 Uhr,
Eintritt 2 €; Anfahrt ab Hauptbahnhof
Tram 2, 3, 8 oder 10 bis Wyspiańskie-
go, von dort weiter mit Tram 5; im Juli
mit Wasserstraßenbahn 5 ab Targ Rybny bis Latarnia Morska*
Der Leuchtturm an der Mündung der
Mottlau ist ein großartiger Aussichtspunkt: Von der Plattform in 28 m Höhe
schauen Sie auf die Danziger Bucht bis
zur Halbinsel Hel, auf die Westerplatte
und über Danzigs Kanalgewirr bis zum
Oval der bernsteingelben PGE-Arena.
Nach dem Vorbild eines US-Leuchtturms
1893 erbaut, wies er Schiffen nachts die
Einfahrt in die Stadt. Er ging in die Geschichte ein, weil von hier – ebenso wie
von der »Schleswig-Holstein« – am
1. September 1939 das polnische Mili-
tärdepot auf der gegenüberliegenden
Westerplatte beschossen wurde, Startsignal zum Zweiten Weltkrieg. Der
Leuchtturm besitzt einen Zeitball: Einst
ließ man auf ein telegrafisches Signal
der Königlichen Sternwarte in Berlin
Punkt 12 Uhr einen Ball von einem offenen Mast herabfallen. Dies war bis
1929 das Signal für alle hier startenden
Kapitäne, ihre Navigationsinstrumente
exakt auf diesen Zeitpunkt einzustim-
men. Heute ist es die Physikalisch-Tech-
nische Bundesanstalt in Braunschweig,
die sekundengenau die Uhrzeit für den
Ballwurf übermittelt.

Shakespeare-Theater/Große Synagoge ▶ Karte 2, B 6
**Teatr Szekspirowski/
Wielka Synagoga**
*ul. Bogusławskiego s/n
www.teatrszekspirowski.pl*

Das jüdische Gotteshaus wurde 1887
auf den Fundamenten einer Bühne, der
sog. Fechterschule erbaut. In dieser
führten englische Wanderschauspieler
ab 1611, noch zu Lebzeiten Shakespeares, seine Stücke auf.

Später erwarb Danzigs jüdische Gemeinde die Fechterschule und verwan-
delte sie in eine der größten und
schönsten Synagogen Europas – ein
Prachtstück im orientalischen Stil. In der
»Reichskristallnacht« wurde sie von
den Nationalsozialisten dem Erdboden
gleichgemacht.

Heute erinnern nur Basaltsteine im
Straßenpflaster an ihren Umriss; eine
Bronze-Miniatur zeigt, wie sie ausgesehen hat. Wo die Synagoge stand, erhebt
sich seit 2014 das Shakespeare-Theater
(s. S. 18). Ein Besuch lohnt auch tagsüber, von einer Aussichtsterrasse bietet
sich ein weiter Blick über die Stadt.

Fischmarkt

Targ Rybny ▶ Karte 2, D 4
Die Mottlau-Promenade führt nordwärts zum ehemaligen Fischmarkt.
Einst stapelten sich in den Fässern He-
ringe aus der Ostsee, Flundern und Aa-
le wurden direkt vom Schiff verkauft. All
das gibt es nicht mehr, auch nicht die
legendären ›Fischweiber‹, die ihre Ware
lautstark anpriesen.

Und auch die Burg der Ordensritter
gehört der Vergangenheit an. 1454
wurde sie von den Danzigern zerstört,
an ihrer Stelle errichteten sie den back-
steinernen Schwanenturm zwecks
Überwachung des Flusses.

Stilistisch angepasst sind die in jün-
gerer Zeit entstandenen Komforthotels
Hilton und Fahrenheit und auch Restaurants wie Targ Rybny, Fellini und Kubicki. Von der Anlegestelle starten Schiffe zu Flusstouren.

Speicherinsel und Bleihofinsel

Wyspa Spichrzów & Ołowianka

▶ C/D 6–8 und D/E 4/5

1576 wurde die Mottlau ›angestochen‹, auf dass sie sich in zwei Arme aufteilte und das Stück Land, das sie umspülte, zur Insel machte. Abends wurden die Zugbrücken hochgeklappt, um die in den Speichern gelagerten Reichtümer besser vor Dieben schützen zu können. Die Insel war der ideale Ort, um Waren zwischenzulagern. Dabei ging es nicht nur darum, die Wartezeit bis zur Verladung zu überbrücken, sondern auch bei Bedarf eine künstliche Knappheit zu erzeugen und einen Preisanstieg zu erzwingen. Im Krieg fast komplett zerstört, wurde der Südteil der **Speicherinsel** um 2000 im Fachwerk-Backstein-Stil neu bebaut. Dazu zählt auch die Milchkannengasse (ul. Stągiewna) mit dem Milchkannentor (Stągwie Mleczne). Dabei handelt es sich eigentlich um zwei Wehrtürme aus dem 16. Jh.: Der größere hat die Form einer Milchkanne, der kleinere ähnelt einem Sahnetopf. Auch die kleinere, sich nördlich anschließende **Bleihofinsel** wird aufpoliert: Neben rekonstruierten historischen Speichern, die das Zentrale Meeresmuseum und das Hotel Królewski beherbergen, entstand im ehemaligen Elektrizitätswerk die Philharmonie. Vom Kai genießt man einen schönen Blick auf den Jachthafen sowie auf die gegenüberliegende Rechtstadt.

Wrzeszcz

Langfuhr ▶ Karte 4, B 2/3
www.wrzeszcz.info.pl, Anfahrt: Tram 5, 9, 11, 11 bis Galeria Bałtycka, SKM-Shuttle bis Gdańsk Wrzeszcz

Seit viele Fakultäten dorthin ausgelagert wurden, wandelt sich das Viertel 3 km nördlich des Zentrums zum Szene- und Studentenviertel. Zur repräsentativen Fußgängerstraße wird die **ulica Wajdeloty,** die beidseitig mit Häusern im Sezessionsstil bebaut ist. Ihren Anfang nimmt sie nördlich des Bahnhofs am Park Kuźniczki, wo die Danziger Aktien Bierbrauerei von 1874 **(Stara Browarnia)** ihrer Verwandlung in ein Kulturzentrum harrt. Die Straße endet an einem halbkreisförmig bebauten Rondell. Biegen Sie hier in die ul. Aldony ein und halten sich an der nächsten Ecke links, kommen Sie in die **ul. Lelewela:** Aus offenen Fenstern weht der Duft von Sonntagsbraten, im Hinterhof spielen Kinder Räuber und Gendarm … So mag es hier auch ausgesehen haben, als Günter Grass (s. S. 8) 1927 im Haus Nr. 13 das Licht der Welt erblickte. Seine Eltern betrieben einen kleinen Kolonialwarenladen – ebenso wie jene von Oskar Matzerath, der Hauptperson im Roman »Die Blechtrommel«. Mit drei Jahren beschloss dieser, nicht mehr zu wachsen – so sehr fühlte er sich von der Welt der Erwachsenen angeödet. Nun erinnert am Haus eine Plakette an Grass und seinen Oskar. 100 m weiter, am **Plac Wybickiego,** wurde für den Knirps ein Denkmal aufgestellt. Oskar sitzt auf einer Bank und trommelt unverdrossen – und ist doch nicht größer als die hier spielenden Kinder, die ihn ab und an mit Farbe beschmieren … Auch südlich des Bahnhofs gibt's Interessantes zu entdecken. Schon von weitem sehen Sie den hohen Turm der **Herz-Jesu-Kirche** (Kościół Serca Jezusa), die Günter Grass literarisch verewigt hat: Oskar hing der Jesusfigur im rechten Seitenschiff seine Trommel um, auf dass der Gemarterte fröhlicher dreinschaue. Nahebei verläuft die ul. Partyzantów, wo 1927 für die orthodoxen, aus Polen und

Russland eingewanderten Juden die **Neue Synagoge** gebaut wurde. Sie hat als einzige Danziger Synagoge den Nazi-Terror überstanden. 2007 wurde sie restauriert und der Jüdischen Gemeinde zurückgegeben – Günter Grass hielt die Eröffnungsrede. Eine englischsprachige Ausstellung erzählt die Geschichte der Danziger Juden: 1310 wurden sie vom Deutschen Orden vertrieben und 1723 vom Danziger Senat. Erst im 19. Jh. durften sie sich frei niederlassen. In den 1930er Jahren lebten ca. 6000 Juden in Danzig, meist in der Alt- und Vorstadt. Nach Beginn des Zweiten Weltkriegs 1939 wurden sie entrechtet und in Konzentrationslager deportiert. Viele von ihnen wurden im 50 km östlich gelegenen Konzentrationslager Stutthof/Sztutowo ermordet (Nowa Synagoga, ul. Partyzantów 7, Tel. 58 344 06 02, www.gdansk.jewish.org.pl, Tram 5, 9, 11 bis Jaśkowa Dolina). Von hier sind es nur ein paar Schritte zur Villenstraße Jaśkowa Dolina. Sie führt zum **Park Jaśkowej Doliny** (Jäschkental), eine schattige Tal- und Hügellandschaft. Auf der Waldbühne (Teatr Leśny) finden im Sommer Konzerte, vor dem Gutenbergdenkmal Lesungen statt. Der verwilderte Park geht in Danzigs Zentralfriedhof (Cmentarz Centralny) über, der sich für melancholische Spaziergänge eignet. Oder Sie gehen über die ul. Akacjowa/Sobótki zur 1904 entstandenen **Technischen Universität** (Politechnika), die mit ihrer prachtvollen Fassade die Architektur der Rechtstadt zitiert. 20 000 Studenten sind an ihr eingeschrieben. Nahebei verläuft die ul. Do Studzienki, was nicht »zum Studenten« heißt, sondern »zur Quelle«. Diese sprudelt in dem auf vier planierten Friedhöfen angelegten **Park Akademicki.** Ein Lapidarium, eine Art Skulpturenpark mit deutschen Grabsteinen, erinnert an die Existenz der Friedhöfe.

Plätze und Parks

Bastionen ► B/C 8/9
Fortyfikacje
Dolny Miasto (2 km südl. des Zentrums)
Wollen Sie ins Grüne, ohne weit laufen zu müssen, tun Sie es den Danzigern nach und ziehen in den Süden der Alten Vorstadt.

Auf dem Weg dorthin passieren Sie Plattenbauten, aber auch den **Weißen Turm** (Biała Baszta) am Ende der ul. Rzeźnicka. Anschließend kommen Sie auf den Wallplatz (pl. Wałowy) mit dem **Kleinen Zeughaus** (Mała Zbrojowna). Das Munitionsdepot aus dem 17. Jh., Pendant zum Großen Zeughaus (s. S. 42), wurde wie dieses von der Akademie der Künste besetzt. Ein paar Schritte südwärts sehen Sie das **Leegetor** (Brama Nizinna). Wählen Sie einen der drei Eingänge, begreifen Sie, warum es auch Niedertor heißt: Der Blick fällt auf eine Niederung mit Wallgraben, ein künstlich angelegter Nebenarm der Mottlau. Rechts vom Tor erhebt sich die **Bastion St. Gertrud** (Baszta św. Gertrudy).

Ein Stück östlich liegt die **Steinschleuse** (Kamienna Śluza): Im Kriegsfall konnten ihre Tore geöffnet und die (evakuierte) Vorstadt geflutet werden, um Angriffe zu erschweren.

Zwischen Leegetor und Steinschleuse erhebt sich die **Bastion Maidloch** (Bastion Żubr): Ein Pfad führt auf ihren Gipfel, von dem Sie den im Zickzack angelegten grünen Festungswall mit dem gleichfalls im Zickzack angelegten Mottlauarm überblicken. Von den ursprünglich 14 Bastionen blieben nur wenige erhalten. Sie sind durch eine Allee verbunden, von der Sie die Niederung im Süden der Stadt überblicken – Bänke laden zu einer Verschnaufpause ein.

Ausflüge

Mierzeja Helska

Halbinsel Hel ▶ Karte 5, B/C 1/2
Oft wird sie mit einer Sense oder einem Kuhschweif verglichen: eine 35 km ins Meer ragende Landzunge, die die Danziger Bucht von der offenen See trennt. An der Nordseite ist sie von breiten Sandstränden gesäumt, die zu den schönsten der gesamten Ostseeküste gehören. An der vor Starkwlnd und Brandung geschützten Südseite liegen Fischer- und Ferienorte. Die schönste Anfahrt erfolgt per Schiff über die Danziger Bucht zur Spitze der Halbinsel. Das Schiff landet im Dorf **Hel,** wo an schmalen Straßen ehemalige Fischerkaten stehen, in die Restaurants und Souvenirläden eingezogen sind. Auch die gotische Kirche ist verwandelt: Sie birgt ein kleines Fischereimuseum – auf dem angrenzenden Friedhof sind alte Boote aufgebockt. Ein paar Schritte westlich werden in einem Fokarium Seehunde gezüchtet, die eines Tages in die freie Wildbahn entlassen werden sollen. Sehenswert ist auch der 41 m hohe Leuchtturm, von dem sich ein weiter Blick uber die Danziger Bucht bietet. Nahebei liegen ein paar herrliche Strände … Die weiter westlich gelegenen Orte der Halbinsel sind **Jurata,** 1928 als Kurort für Polens High Society gegründet und heute wieder ein Treff der Reichen; danach folgen **Jastarnia** (Heisternest), **Kuźnica** (Kussfeld) und **Chałupy** (Ceynowa) – allesamt Hotspots der polnischen Surfer-Szene.

Infos
www.hel.pl, www.hela.com.pl; scheuen Sie Touristenmassen, sollten Sie Hel nur werktags besuchen.
Anfahrt: Am schönsten ist die Anfahrt mit der Wasserstraßenbahn oder mit dem Schiff ab der Mottlau-Promenade zur Spitze der Halbinsel (s. S. 26). Mit dem Auto bzw. Zug (www.rozklad-pkp.pl) müssen Sie den Umweg über Puck und Władysławowo nehmen.
Fischereimuseum (Muzeum Rybołówstwa): ul. Bulwar Nadmorski 2, Hel, www.cmm.pl/muzeum-rybolowstwa, Di–So 10–16, Juli/Aug. bis 18 Uhr, Eintritt 1,50 €
Fokarium: ul. Morska 2, Hel, www.fokarium.com, tgl. 9.30–19 Uhr, Eintritt 1 €
Leuchtturm (Latarnia Morska): ul. Bałtycka 3, Hel, Di–So 10–14, 15–18 Uhr, Juni–Sept.

Szwajcaria Kaszubska

Kaschubische Schweiz
▶ Karte 5, A/B 3/4
Wollen Sie zur Abwechslung mal aufs Land, gibt es nichts Besseres als einen Trip in die Kaschubische Schweiz, den schönsten Teil der Kaschubei. Sie wartet mit schönen Rinnseen, buckligen Hügeln und weiten Buchenwäldern auf und lässt sich am besten per Auto oder Rad erkunden. Benannt ist die Region nach den Kaschuben, einem kleinen Völkchen mit seltsamer Sprache und

noch seltsameren Sitten, zu dem auch Günter Grass gehört (s. S. 8). Der Großmutter im Roman »Die Blechtrommel« legt er folgende Worte in den Mund: »So isses nu mal mit de Kaschuben … Die missen immer dablaiben und Koppchen hinhalten, damit de anderen drauftappern können, weil unserains nich richtich polnisch is und nich richtich deitsch jenug, und wenn man Kaschub is, das raicht weder de Deitschen noch de Polacken.« Die Kaschuben, halb Deutsche, halb Polen und von beiden nicht verstanden, pflegen ihr Kunsthandwerk mit naivem Blumendekor, schräge Folk-Musik und eine deftige, knoblauchreiche Küche.

Auf der hier vorgestellten Route erleben Sie nicht nur die landschaftlichen Höhepunkte, sondern zugleich die kaschubische Kultur. Fast alle Wege in die Kaschubische Schweiz führen über **Kartuzy** (Karthaus) Dort gibt es nicht nur eine Kartäuserkirche, die an einen Sarg erinnert, sondern auch das skurrile Kaschubische Museum: »Ein Mensch«, heißt es, »der nicht trinkt, nicht raucht und keinen Tabak schnupft, ist einen Dreck wert.« Um dem Diktum Nachdruck zu verleihen, reicht der Führer seinen Gästen eine Ration Tabak aus dem Horn. Auf Wunsch singt er das »kaschubische ABC«, eine schräge Weise, in der die Lieblingsinstrumente der Kaschuben aufgezählt werden: Bass und Teufelsgeige, Spaten und Stange, Harken und Schultheissstock. Im Museum sind die Instrumente ausgestellt, außerdem Vogelscheuchen, Masken und Scherenschnitte. Der kaschubische Humor mit seinem Hang zum Absurden spiegelt sich in griffigen Sprüchen: »Lasst uns den Mond im Brunnen jagen« oder »Ziehen wir los, den Aal zu ertränken!«

Skurril ist nicht nur der Humor der Kaschuben, sondern auch ihr Kunsthandwerk. Ein gutes Beispiel erlebt man in **Chmielno** (Chmelno) 8 km westlich von Kartuzy. In einer der ältesten Keramikwerkstätten wird nunmehr in zehnter Generation all das getöpfert, was kaum ein Haushalt noch braucht: Gurkenfässchen und Schmalztiegel, Rumtopf und Suppenschüssel … Der Clou der Keramik: Sie ist mit naiven Ornamenten verziert, wie sie aus der Hand eines Kindes stammen könnten. Egal was man darin erkennen mag, ob Wasserlilien, Tulpen oder Sterne, meist erscheinen sie in Blau, der Farbe der kaschubischen Seen.

An einem See liegt der Ort **Szymbark** (Szimbark): Dort sieht man nicht nur den laut Guinness weltweit längsten, aus einem einzigen Baumstück gezimmerten Tisch (37 m), sondern auch ein stattliches Holzhaus, das munter auf dem Kopf steht! Schräg ist das Dach in den Boden gerammt, das Untergeschoss ragt hilfesuchend in die Luft. Hat man das Haus betreten, fühlt man sich inmitten der schiefen Ebenen und Wände so schwindelig, als befände man sich in einer ›verkehrten Welt‹. Konkreter ist die Geschichtslektion im angrenzenden Waldhain: In den Waggons einer ausrangierten Deutschen Reichsbahn, die im besetzten Polen im Einsatz war, dokumentieren Fotos, was vielen Kaschuben 1941–45 in den sowjetisch besetzten Gebieten geschah. Und ein Bunker zeigt, unter welch klaustrophobischen Verhätnissen Partisanen gegen die Deutschen kämpften. Erholung findet man anschließend beim Wurstgrillen überm offenen Feuer, in der Brauerei oder beim Brotbacken. Auch im Tabakriechen kann man sich üben …

Heil ist die Welt noch in **Wdzydze Kiszewskie** (Sanddorf) im gleichnamigen Naturschutzgebiet (17 km südl. Kościerzyna). An einem See steht ein rekonstruiertes Dorf von anno dazumal: mit reetgedeckten Höfen und Gutshäusern, Wind- und Ölmühle, Kirche und Kapelle – alles aus Holz. Wenn im Sommer Müller, Schreiner und Töpfer Kostproben ihres Könnens geben und in der Schenke Kaschubisches serviert wird, fühlt man sich in alte Zeiten versetzt.

Infos

Anfahrt: Der Startpunkt **Kartuzy** liegt 30 km westl. Danzig, von Danzig im Auto erreichbar: Straße 501/7 nach Żukowo, dann Landstraße 211.

Kartuzy: Muzeum Kaszubskiego, ul. Kościerska 1, www.muzeum-kaszubskie.gda.pl, Di–Fr 9–16, Sa 9–15, So 10–14 Uhr, Eintritt 2,50 €; die Touristen-Info gibt Unterkunftstipps (www.kaszubskipierscien.pl).

Chmielno: Muzeum Ceramiki Kaszubskiej Neclów, ul. Gryfa Pomorskiego 63, www.necel.pl, Mo–Sa 9–18 Uhr, Eintritt 1 €

Szymbark: Centrum Edukacja i Promocji Regionu, ul. Szymbarskich Zakłodnikow 12, www.cepr.pl, Mo–Sa 9–19, So 10–19 Uhr, Eintritt 4 €

Wdzydze Kiszewskie: Kaszubski Park Etnograficzny, www.muzeum-wdzydze.gda.pl, April–Sept. Di–Fr 9–16, Juli u. Aug. Di–So 10–18, Okt./Febr./März Mo–Fr 10–15 Uhr, Eintritt 3,50 €

Beste **Unterkunft** weit und breit: **Kania Lodge:** Sytna Góra 10, Tel. 58 684 07 90, www.kanialodge.com.pl, 15 Zimmer, DZ ab 80 €. Gutshof 8 km nördl. Kartuzy auf einem 10 ha großen Wald- und Wiesengrundstück mit See. Hervorragendes Essen, viele Aktivangebote, z. B. Radverleih, Fahrten im Ruder- und Segelboot.

Malbork

Marienburg ▶ Karte 5, C/D 4

50 km südöstlich von Danzig bietet die Marienburg eine faszinierende Reise ins Mittelalter: Von 1309 bis 1457 herrschten hier die Deutschen Ordensritter über einen ›Gottesstaat‹, der lange Zeit als unbesiegbar galt. Sie ließen 10 Mio. Ziegel verbauen, um eine der gewaltigsten Burgen Europas zu erschaffen – bis heute wirkt sie so imposant, dass sie die UNESCO zum Welterbe erklärt hat.

Die Besichtigung beginnt in der **Vorburg.** Durch eine mächtige Toranlage gelangt man in den **Innenhof des Mittelschlosses,** der von 80 m langen Gebäudeflügeln umschlossen ist. Im Ostflügel befindet sich eine fantastische **Bernsteinausstellung** – das Meisterstück ist ein kunstvoll gearbeiteter Altar. Der Westflügel beherbergt den ritterlichen Speisesaal, den sog. **Großen Remter.** Er ist 30 m lang, 15m breit und 9 m hoch. Gegliedert wird er durch drei rötliche Granitpfeiler, die kolossale, ineinander verschränkte Sterngewölbe tragen. An den Westflügel grenzt der **Hochmeisterpalast,** ein weit in Richtung Fluss ausgreifender Bau (1393–99). Mit seinen Strebepfeilern, Säulen und Haubentürmchen verkörpert er höfische Eleganz – nichts erinnert hier an jene klösterliche Askese, der sich die Ritterbrüder verschrieben hatten.

Beeindruckend ist der **Sommerremter,** der den Dichter Joseph von Eichendorff zu folgenden Worten hinriss: »Ein Aufenthalt von unbeschreiblich milder Heiterkeit, wo alles Gemeine sein Recht verliert.« Die beflügelnde Wirkung beruht auf einer ausgeklügelten, in Europa einmaligen Raumkonzeption: Gleich einem Baldachin spannt sich ein Palmengewölbe über die Decke und wird doch nur von einem einzigen schlanken Pfeiler in der Saalmitte getragen – eine Herausforderung an die Schwerkraft, geschaffen von den besten Ingenieuren und Steinmetzen des Mittelalters. Die virtuose Konstruktion hat auch die Feinde des Ordens zu einer kühnen Tat animiert. Als einmal die gesamte Ordenselite samt des Hochmeisters Heinrich von Plauen im Sommerremter versammelt war, versuchte ein Scharfschütze mit einem gezielten Schuss den saaltragenden Pfeiler zum Einsturz zu bringen. Hätte er getroffen, so wäre die Ritterschar unter dem einbrechenden Gewölbe begraben worden. Doch der Scharfschütze verfehlte sein Ziel: Die Kugel traf nicht den Pfeiler, sondern den Kamin – und ist darin noch heute verborgen.

Wo ein Sommerremter ist, darf ein **Winterremter** nicht fehlen: Er ist ähnlich grandios gestaltet, aber etwas kleiner als jener und hatte den Vorteil einer Fußbodenheizung (!). Bis heute haben sich hier mittelalterliche Malereien erhalten.

Durch ein weiteres Tor gelangen Sie ins **Hochschloss,** den ältesten und mächtigsten Teil der Anlage (1272–1300). Vier Gebäudeflügel mit Kreuzgängen flankieren einen quadratischen Innenhof; im Nordosten ragt ein Wach- und Glockenturm auf, heute ein beliebter Ausguck für Besucher. In der Hochburg befand sich die Schaltzentrale des Ordens, von hier herrschte der Hochmeister mit seinen zwölf Getreuen über das Land – unverkennbar die Anlehnung an die zwölf biblischen Apostel.

Der Tagesablauf der Ritter war streng ritualisiert: Im Morgengrauen schritten sie durch das **Goldene Tor** in die **Marienkirche,** die heute als großartige ›lebendige Ruine‹ erhalten ist. Nach dem Gebet fanden sie sich im Kapitelsaal ein, um anstehende Regierungsgeschäfte zu regeln.

Im Refektorium, dem Saal der Sieben Säulen, wurden die Mahlzeiten eingenommen; im Dormitorium verbrachten sie mit einem Kettenhemd bekleidet die Nacht – auf harter Pritsche und im Lichte von Fackeln. »Immer wachsam sein«,

Der Saal der sieben Säulen in der Marienburg

lautete das Motto der durch Kreuzzüge abgehärteten Ritter.

Infos

Anfahrt: Mehrmals am Tag fahren **Züge** ab Danzig Hauptbahnhof (Gdańsk Główny, www.rozklad-pkp.pl) nach Malbork; Fahrtzeit 1 Std.; mit dem **Auto** geht es auf der A1 bis Tczew, dann auf einer großartigen Brücke über die Weichsel und weiter auf Straße 22.

Touristeninfo: Malbork Welcome Center, ul. Tadeusza Kościuszki 54, Tel. 55 6 47 47 47, www.visitmalbork.pl, Sa, So geschl.

Burg (Zamek): ul. Starościńska 1, Tel. 55 2722677, www.zamek.malbork.pl, Innenhöfe tgl. 9–20, Museum Di–So 9–19, im Winter 10–15 Uhr, Einzelticket 10 € inkl. Audioguide oder Führung; Besichtigung auch individuell möglich.

Zu Gast in Danzig

Danzigs historische Gemäuer bergen manch ein Hotel oder Hostel. Selbst Ketten wie Hilton, Radisson oder Sheraton sind in der Dreistadt mit architektonisch anspruchsvollen Unterkünften vertreten. Sie haben die Wahl zwischen Stadt- oder Strand-, einem Traditions- oder Trendhaus! Und auch die Lokale können sich sehen lassen: Ob Fisch-Taverne, Veggie-Bistro oder Vintage-Bar – immer darf das Auge mitessen!

Übernachten

Teminplanung

Die Polen reisen vorhersehbar: Am ersten Maiwochenende *(Majówka)* sowie in den Sommerferien, die landeseinheitlich am letzten Freitag des Juni beginnen und am letzten Freitag des August enden, machen viele Familien Urlaub – am liebsten an der Küste. Dann klettern die Preise nach oben und im Badeort Sopot ist es so gut wie unmöglich, spontan eine Unterkunft zu finden. Auch Danzig ist dann gut gebucht – rechtzeitige Reservierung ist während dieser Zeit dringend zu empfehlen! In der restlichen Zeit haben Sie nicht nur eine große Auswahl freier Unterkünfte, sondern zahlen auch weniger.

Auf dem Vormarsch: Hostels und Apartments

In der Dreistadt gibt es viele Hostels. Die privaten Herbergen kommen dem Bedürfnis junger bzw. jung gebliebener Reisender entgegen, die sich fragen: »Wozu viel Geld für eine Unterkunft ausgeben, wenn ich ohnehin den ganzen Tag unterwegs bin?« Meist werden sie von Polen geführt, die früher selbst viel gereist sind und deshalb wissen, was Traveller brauchen: ein gutes Bett und saubere sanitäre Einrichtungen, einen Raum fürs Miteinander und eine Gemeinschaftsküche, Schließfächer für die Wertsachen und Gratis-Internet. Außer gemischt-geschlechtlichen Vielbettzimmern bieten fast alle auch günstige Doppelzimmer mit eigenem Bad. Sie können unter www.hostelworld.com gebucht werden.

Eine Alternative sind Gästezimmer privater Anbieter. Unter z.B. www.airbnb.com, www.homeaway.com und www.wimdu.com werden sie reserviert.

Apartments, die mit eigener Küche, oft auch mehreren Schlafzimmern ideal für Familien bzw. Kleingruppen sind, können über folgende Adressen gebucht werden: www.rent-apartments-in-gdansk.pl, www.patio.gda.pl, www.apartamentygdansk.com.

Hotelpreise und Sondertarife

Der Satz, dass Unterkünfte billiger sind, je weiter sie von der Altstadt entfernt liegen, trifft auf Danzig nicht zu. Zwar gibt es in den Vorstädten viele Quartiere, doch ihre Preise unterscheiden sich bei gleichem Standard kaum von denen im historischen Zentrum. Die in diesem Buch angeführten Preise gelten, wenn nicht anders angegeben, für ein Doppelzimmer inklusive Frühstück (zuzüglich Kurtaxe von ca. 0,50 €/Pers./Tag). Kinder übernachten oft kostenlos im Zimmer der Eltern. Oft werden die Hotelpreise in Euro genannt. Bezahlt wird freilich meist noch in Złoty zum jeweilig gültigen Tageskurs. Gängige Kreditkarten werden akzeptiert. Bei schwacher Belegung hat man die Chance, Zimmer zu einem günstigeren Preis zu mieten – über eine Internetagentur, bei der Hoteliers ihre freien Plätze kurzfristig zum Schleuderpreis anbieten.

Günstig und nett

Für Traveller – **Central Hostel:** ■ **Karte 3, A 3,** ul. Bohaterów Monte Cassino 15, Sopot, Mobiltel. 530 85 87 17, www.hostelcentral.pl, 11 Zimmer, ab 10 € p. P., Zimmer für 2–10 Personen, für Handtücher und Safe muss extra bezahlt warden.

Altes Bürgerhaus – **Dom Schumannów:** ■ **Karte 2, C 6,** ul. Długa 45, Gdańsk, Tel. 58 301 52 72, www.dom schumannow.pl, 7 Zimmer und 1 Ap., DZ ab 65 €. Das schöne Haus liegt am Langen Markt gegenüber dem Rechtstädtischen Rathaus. Die Gästezimmer befinden sich oberhalb der Touristeninformation in der zweiten und dritten Etage, einige, z. B. die Bürgermeister-Suite, bieten großartigen Blick auf den Langen Markt. WLAN gratis.

Freundlich – **Grand Hostel:** ■ **Karte 2, B 5,** ul. Kołodziejska 2, Gdańsk, Mobiltel. 666 06 13 50, www.grand hostel.pl, 13 Zimmer, DZ ab 36 €. Gut geführtes Hostel in der Altstadt mit Gemeinschaftsküche und Wohnzimmer, wo man Tipps mit anderen Reisenden austauscht. Helle Zimmer und bequeme Betten!

Verrücktes Design – **Lunatic Hostel:** ■ **Karte 3, südl. A 3,** ul. Niepodległości 739, Sopot, Tel. 58 718 42 64, www.lunatichostel.com, Bett ab 12 €. Vier Zimmer mit 4 bis 10 Betten, ein jedes anders, immer witzig: Während im »Astro-Lab« Science Fiction anno dazumal Regie führt, herrscht »beim Jäger« rustikale Gemütlichkeit. Mit Gemeinschaftsküche und -bad.

Am Fluss – **Riverside Hostel:** ■ **Karte 2, C/D 6,** ul. Powroźnicza 18, Gdańsk, Tel. 58 718 38 54, www.river side-hostel.pl, 7 Zimmer (2–10 Pers.), DZ ab 40 €, Schlafsaal 12 € p. P. Karols Hostel liegt nur wenige Schritte vom Langen Markt entfernt, einige Zimmer bieten Blick auf die Mottlau. Mit origineller Rezeption, Gemeinschaftsküche und Frühstück. WLAN gratis.

Stilvoll wohnen

Landidyll – **Dwór Oliwski:** ■ **Karte 4, A 2,** ul. Bytowska 4, Oliwa, Tel. 58 554 70 00, www.dworoliwski.pl, 70 Zimmer, DZ ab 130 €. Ein Park, mittendrin ein Herrenhaus mit Reetdach: Der Gutshof aus dem 17. Jh. beherbergt ein 5-Sterne-Hotel mit klassisch eingerichteten Zimmern – am schönsten Richtung Ententeich! Entspannung bietet ein Spa, dessen Hallenbad sich ins Grüne öffnet. Nach dem Besuch der Gartensauna springt man in den Bach! So gut gefiel der »Olivenhof« der deutschen Fußball-Nationalmannschaft, dass sie während der EM 2012 hier logierte.

Mit tollem Blick – **Gdańsk:** ■ **E 6,** ul. Szafarnia 9, Gdańsk, Tel. 58 300 17 17, www.hotelgdansk.com.pl, 92 Zimmer, DZ ab 105 €. 4-Sterne-Hotel in einem rekonstruierten Kornspeicher *(spichlerz)* am Jachthafen der Mottlau. Die Zimmer, mit Eichenparkett und Holzbalken, sind mit Stilmöbeln eingerichtet, je nach Etage in Gold, Bordeaux, Orange oder Braun. Ans alte Danzig erinnern historische, oft großformatige Fotos. Zum Komfort gehören Sat-TV, Safe und Gratis-Internet, viele Zimmer bieten Ausblick auf die historische Rechtstadt. Von Windjammern inspiriert sind die 38 Zimmer im Anbau *(yachting)*, wo sich auch ein feines Spa mit Feucht- und Trockensauna sowie eisiger Salzgrotte, Tee- und Ruheraum befindet. Abends entspannt man in der hauseigenen Brauerei Brovarnia, die sich mit einer attraktiven Promenadenterrasse zum Hafen öffnet (s. S. 108). Der Parkplatz ist videoüberwacht. In die Rechtstadt läuft man zehn Minuten, jede halbe Stunde fährt ein Shuttleschiff des Zentrums der Meereskultur zum Krantor.

In Toplage – **Goldwasser:** ■ **Karte 2, D 5,** ul. Długie Pobrzeże 22, Gdańsk, Tel. 58 301 12 44, www.goldwasser.pl, 7 Apartments, ab 100 €. Hier fühlt man sich wohl: Gemütliches Hotel in einem historischen Giebelhaus an der Mottlau, ein paar Schritte vom Krantor. Alle Räume sind als Suiten konzipiert und haben einen individuellen Charakter, sind ausgestattet mit Holzfußboden, einige auch mit Kamin, Himmelbett oder eigenem Balkon. Gefrühstückt wird in einem mit goldenen Klimt-Motiven gestalteten Raum, im Sommer auf der Terrasse über der Mottlau.

Am Wasser – **Hanza:** ■ **Karte 2, D 5,** ul. Tokarska 6, Gdańsk, Tel. 58 305 34 27, www.hotelhanza.pl, 60 Zimmer, DZ ab 150 €. Das Hotel nahe dem Krantor fügt sich mit seinen schmalen Fassaden und Schaugiebeln harmonisch in die mittelalterliche Stadtsilhouette ein. Drinnen präsentiert es sich eher postmodern, von einigen Zimmern blickt man auf die Mottlau und die vorbeifahrenden Schiffe. Die Bar überrascht mit einer bunten Palette von Cocktails,

abends öffnet im Nebentrakt ein Casino.

Modern-minimalistisch – **Hilton:** ■ **Karte 2, D 4,** Targ Rybny, Gdańsk, Tel. 58 778 71 60, www.hiltongdansk.pl, 150 Zimmer, DZ ab 140 €. Komforthotel am Ufer der Mottlau, am Fischmarkt neben der Schwanenbastei. Architektonisch lehnt es sich an die historische Umgebung an, bietet aber alle modernen Einrichtungen: so einen Spa-Bereich mit Pool und Sonnenterrasse auf dem Dach.

Mit Glockengeläut – **Kamienica Gotyk:** ■ **Karte 2, C 6,** ul. Mariacka 1, Gdańsk, Tel. 58 301 85 67, www.gotykhouse.eu, 7 Zimmer, DZ ab 70 €. Das ›gotische Haus‹ stammt aus dem Jahr 1451 und liegt am Westende der Mariengasse. Die Gästezimmer sind mit historischen Stadtansichten geschmückt, die Glocken der benachbarten Marienkirche bereiten dem Schlaf ein kraftvolles Ende. Im Untergeschoss widmet sich ein Mini-Museum der vermeintlichen Liaison zwischen Kopernikus und der früher auf dem 5-DM-Schein abgebildeten Kaufmannstocher Anna Schilling.

Abseits des Trubels – **Mera Spa Hotel:** ■ **Karte 3, südl. C 3,** ul. Bitwy Pod Płowcami 59, Sopot, Tel. 58 766 60 00, www.meraspahotel.pl, 145 Zimmer, DZ ab 100 €. Nur die Promenade trennt das Viersternehotel vom Strand. Vom

Ruhe oder Remmidemmi?

Zwar ist das historische Zentrum weitgehend verkehrsberuhigt, doch auch Nachtschwärmer können den Schlaf stören. Mit offenem Fenster schlafen ist meist Fehlanzeige. Langgasse, Langer Markt und Mottlau-Ufer bieten das schönste, freilich auch von Partygängern geschätzte Ambiente …

Service

Im Hotel wird das **Frühstück** in der Regel in Büfett-Form serviert. Da die erste Mahlzeit des Tages in Polen traditionell wichtig ist, fällt das Büfett – selbst in einfachen Hotels – meist so üppig aus, dass man bis zum Nachmittag satt bleibt. **Gratis-WLAN** ist in fast allen Unterkünften der Dreistadt Standard, nicht aber Gratis-Parken. Achten Sie hier auf die Zusatzkosten!
Verfügt ein Hotel über **Pool, Sauna** oder **Spa,** so ist deren Benutzung für Hotelgäste meist im Preis inbegriffen.

polnischen Stararchitekten Czesław Bielecki für die IKEA-Foundation entworfen, setzt es auf Naturmaterialen und klare Formen – skandinavischer Stil der schönsten Art. Im Preis inklusiv ist die Benutzung des weitläufigen, sich zum Strand öffnenden Spas mit Thermalbad, Innen- und Außen-Whirlpools, Trocken- und Feuchtsaunen sowie einem Open-Air-Bad auf dem Dach. Die professionell geführte Wellness-Abteilung gehört zu den größten im Baltikum. Das Frühstücksbüfett ist exquisit, bei schönem Wetter kann man draußen essen.

Am Meer – **Nadmorski:** ■ **Karte 4, A 1,** ul. Ejsmonda 2, Gdynia, Tel. 58 667 77 77, www.nadmorski.pl, 90 Zimmer, DZ ab 150 €. 4-Sterne-Hotel südlich der Stadt mit Blick auf die Danziger Bucht. Fuß- und Radwege starten direkt vor dem Haus und verlaufen längs der Küste. Tennisplätze, ein kleines Wellnesscenter und ein gutes Restaurant runden das Angebot ab. Gutes Frühstücksbüfett!

Am Langen Markt – **Radisson Blu:** ■ **Karte 2, C 6,** Długi Targ 19, Gdańsk, Tel. 58 555 52 03, www.radissonblu.com/hotelgdansk, 137 Zimmer, DZ ab 120 €. Das 4-Sterne-Hotel in historischen Häusern bietet allen modernen Komfort. Originell ist die Einbindung von Fragmenten der alten

Stadtmauern, auf die man beim Umbau des Hotels stieß.

Neben dem Kurhaus – **Sheraton:** ■ **Karte 3, B 2,** ul. Powstańcow Warszawy 10, Sopot, Tel. 58 767 10 00, www.sheraton.pl/sopot, 189 Zimmer, DZ ab 130 €. Das vom Bäderstil inspirierte 5-Sterne-Hotel bietet Panoramafenster vom Boden bis zur Decke, eine kommunikative Lounge (Gratis-Internet) und ein vorzügliches Frühstücksbuffet. Über einen Seitenflügel gelangt man ins Kurhaus, wo sich weitere Restaurants und das mit Sopots Mineralwasser gespeiste Spa befinden.

Modern mit Tradition – **Sofitel Grand Sopot:** ■ **Karte 3, B 1,** ul. Powstańcow Warszawy 12–14, Sopot, Tel. 58 520 60 00, www.sofitel.com, 127 Zimmer und Suiten, DZ ab 130 €. Das 1926 im Art-deco-Stil erbaute 5-Sterne-Hotel beschwört jene Zeiten herauf, als sich hier der Adel ein Stelldichein gab. Das Haus hat noch immer seine prächtigen Fassaden und ein Foyer mit monumentaler Spiraltreppe. Komplett neu designt wurden die in Naturfarben gehaltenen Zimmer – fast alle mit Meerblick. Dazu gibt es ein fantastisches Frühstücksbüfett und ein kleines, aufs Meer ausgerichtetes Spa. Die Hotelgäste haben einen eigenen Strandbereich mit Liegen und Sonnenschirmen.

Essen und Trinken

In Danzig boomt die Gastro-Szene. Fast alle Küchen der Welt sind vertreten, ohne dass die Popularität der polnisch-pommerschen Kost gelitten hätte. Doch nicht nur die Vielfalt, auch die Qualität hat enorm zugenommen. Die Lehr- und Wanderjahre vieler Köche sind den Restaurants zugute gekommen. Obwohl die Polen traditionell Fleischesser sind, ist an der Küste naturgemäß auch Fisch angesagt – Sushi ist aus der Dreistadt gar nicht mehr wegzudenken!

Feine Suppen, deftige Piroggen

Zu den exotischen Speisen des Nachbarlandes gehören **Suppen**. Köstlich schmeckt *żurek*, eine Suppe aus vergorenem Roggenmehl, angereichert um Wurststücke. Oft wird sie im ausgehöhlten Brotlaib serviert – das erhöht ihren säuerlichen Beigeschmack. Tradiert aus adeliger Esskkultur ist klarer *barszcz*, eine säuerliche Rote-Bete-Suppe, deren Begleiter meist eine knackige Krokette ist *(z krokotkiem)*. Kommt sie im Sommer mit saurer Sahne als Kaltschale daher, nennt man sie *chłodnik*. Unbedingt probieren sollte man *zupa grzybowa*, köstliche Steinpilzcreme. Auch *bigos* wird wird unter Suppen aufgeführt: Das Jägergericht aus gedünstetem Sauerkraut, Speck, Zwiebeln und Pilzen, wird durch die Beigabe von Paprika rot eingefärbt.

Keine polnische Tafel kommt ohne **Piroggen** *(pierogi)* aus. Aus ausgerolltem Weizenmehlteig werden runde Plätzchen gestochen, darauf wird eine Füllung gelegt. Anschließend wird das Plätzchen in Form eines Halbmonds verschlossen und in heißem Wasser gar gekocht. Am häufigsten isst man *pierogi po ruskie*, auf russische Art, gefüllt mit Schichtkäse, Kartoffeln und Zwiebeln; manchmal gibt es sie auch mit Sauerkraut und Pilzen. Dazu bestellt man saure Sahne *(śmietana)* oder trinkt Kefir. Als süße Variante kommen Piroggen mit Blau- oder Heidelbeeren, übergossen mit zerlassener Butter und mit Zucker bestreut.

Fleisch & Fisch – die Klassiker

Ein Hauptgericht ohne **Fleisch** gilt den meisten Polen als Verstoß gegen die Esskultur. Schweinefleisch ist am beliebtesten und kommt in vielen Varianten auf den Tisch; z. B. als Schnitzel in Jägersoße mit Honig und Rosinen *(sos myśliwski)*. Aus der Zeit, da der Adel in den Wäldern auf Jagd ging, erhielt sich die Tradition, Reh und Hirsch, Fasan und Wildschwein zu servieren. Enten- oder Hasenbraten wird süßsauer gebeizt und mit geschmorten Äpfeln gefüllt. Die Danziger Ente wird nach alter Art mit Apfelsinenscheiben, Gemüse und einem Schuss Orangenlikör aufgetischt.

Aus der pommerschen Küche ist **Fisch** *(ryba)* nicht wegzudenken. Zu den Spezialitäten gehören Aal und Lachs, Zander in Dill- und Karpfen in Braunbiersoße. Kaschuben sorgten dafür, dass Hering *(sledź)* in der Danziger Küche einen festen Platz einnimmt und in vielen Varianten serviert wird.

Wo Fischer frische Ware anlanden, entstanden kleine Räuchereien – und was schmeckt besser als frisch geräucherter Aal oder Heilbutt, eingeklemmt zwischen zwei Brötchenhälften? Folgen Sie dem Schild »Ryby Wędzone« und bestellen Sie, was Ihnen gefällt; abgerechnet wird nach Gewicht. Fischräuchereien am Strand gibt es z. B. in Sopot und in Orłowo. Auch Bratfisch *(ryba smażona)* wird angeboten – allerdings ist er oft bis zur Unkenntlichkeit verbraten … Ein Picknick am Strand, angereichert um eine frische Brise, macht oft mehr Spaß als ein Besuch im Restaurant!

Wenn noch Platz ist…

Als **Nachspeise** ist Süßes angesagt: Mürbekuchen mit Waldbeerkonfitüre, Käse-, Mohn- und Baumkuchen. Wer Leichtes bevorzugt, wählt im Sommer eine Schale frischer Blaubeeren *(jagody)*, Himbeeren *(maliny)* oder Wilderdbeeren *(poziomki)* – auf Wunsch mit Schlagsahne. Und auch *kompot* finden Sie auf der Karte: Dabei handelt es sich jedoch nicht nicht um ein Dessert, sondern um ein mit Zucker angereichertes, erfrischendes Fruchtgetränk.

Getränke

Die Polen trinken zu fast allen Mahlzeiten **Bier** (s. S. 108). **Wein** ist immer noch bedeutend teurer als in Westeuropa und wird deshalb weniger genossen. Umso öfter wird **Mineralwasser** bestellt: Aus den Tiefen der Erde werden Dutzende hervorragender Wässer gefördert.

Ein **Goldwasser** (s. S. 47) bzw. ein **Wodka** rundet das Mahl ab.

Cafés

In Danzig

Szenig in der Langgasse – **Café Ferber:** ■ **Karte 2, B 6,** ul. Długa 77–78, www.ferber.pl, tgl. 9–22 Uhr. Das rot gestylte Café spielt mit Danziger Traditionen: überdimensionale Gesichter der reichen Ferber mit Rüschen und Stehkragen blinzeln von der Wand, dazu erklingen Pop, Beat und Chillout. Tagsüber fungiert das Ferber als Café mit Frühstücksgedecken, gutem Kuchen und *light lunch,* abends mutiert es in eine hippe Bar. Von früh bis spät beliebt ist die Terrasse zum Sehen und Gesehenwerden.

Stimmungsvoll im Schatten der Marienkirche – **Cafe Kamienica:** ■ **Karte 2, D 6,** ul. Mariacka 40, tgl. 10–22 Uhr. Besonders schön sitzt man draußen auf dem Beischlag, wo man das Treiben in der Frauengasse hautnah verfolgen kann.

Leicht skurril – **Factotum:** ■ **Karte 2, C 5,** ul. Św. Ducha 8/10, www.cafe factotum.pl, Di–So 12–22 Uhr. Alte Schreibmaschinen, flimmernde Monitore, dazu ein schwarz-weißes Design – hier lässt man sich gern nieder, um Mascarpone-Käsekuchen zu genießen und dazu eine Tasse Kaffee oder Schokolade.

Frisch & fröhlich – **Fajne Baby:** ■ **Karte 2, C 5,** ul. Świętojańska 70–71 (Ecke ul. Lawendowa), www.fajneba by.pl, Mo–Fr 10–18, Sa, So 10–14 Uhr. *Fajne baby* heißt so viel wie »feine Weiber« und zugleich »feine Kuchen«. Wären die Besitzer keine Frauen, würde ihnen manch ein Ausländer Sexismus vorwerfen. Aber in Polen stört sich keiner daran, *politically correct* will kaum einer sein … Die ›Weiber‹ be-

Preise und Öffnungszeiten

Die Kosten für Essengehen schwanken enorm: In der Milchbar (s. S. 95) sowie in anderen Selbstbedienungslokalen wird man für wenige Euro satt. Verzichtet man auf Fisch und Fleisch und hält sich an Teiggerichte, Suppen und Salate, kann man auch in mittel- und hochpreisigen Restaurants mit einem Betrag von unter 10 € davonkommen. Für ein nach polnischem Maßstab ›richtiges‹ Essen – dreigängig und mit Fisch oder Fleisch – zahlt man dort um die 15–25 €.

Nur in wenigen Lokalen gibt es Ruhetage, fast immer öffnen die Restaurants um 12 Uhr und schließen gegen Mitternacht.

treiben ihren kleinen Laden mit Schwung: Im langen Tresen sind knallbunte Küchlein mit Häubchen in Reih und Glied aufgereiht, die Sie vor Ort verzehren oder mitnehmen können. Die *kapkejki* (so die polnische Schreibweise) werden – laut Besitzerinnen – allmorgendlich aus Naturmehl, Butter, Frischkäse, Eiern und echter Vanille von Hand geformt und gebacken, wobei keine künstlichen Farb- und Konservierungsstoffe zum Einsatz kommen.

Ruhig in Toplage – **Goldwasser Coffee Shop:** ■ **Karte 2, D 6,** Długi 28/29, tgl. 8–20 Uhr. Vom schmalen Café auf dem Langen Markt nehmen die meisten nur die Terrasse wahr. Doch gehen Sie hinauf in den ersten Stock, können Sie sich in einen kleinen, eleganten Salon zurückziehen und allen Trubel hinter sich lassen. In der Vitrine stapeln sich hausgemachte, von Hand geformte Pralinen, die das Wasser im Mund zusammenlaufen lassen. Dazu können Sie Danziger Goldwasser und andere Traditionsliköre bestellen (s. S. 48). Wer auf Deftiges steht, findet eine kleine, aber feine Auswahl an Snacks, die zum guten Hauswein Grauer Burgunder passen. Auch der »Goldene Löwe« wird ausgeschenkt, Bier einer regionalen Brauerei.

Franchise – **Hard Rock Cafe:** ■ **Karte 2, C 6,** ul. Długi Targ 35–38, www.hardrock.com/cafes/gdansk/. In bester Lage am Langen Markt und mit weltweit gleichem Angebot: Zum Anschauen Rock-Memorabilia, zum Essen Salate, Sandwiches und dicke Burger, Brownies und Cheesecakes.

Gemütlich am Löwenbrunnen – **Kawiarnia Filmowa:** ■ **Karte 2, C 5,** ul. Grobla 3–4, www.wstarymkadrze.com, tgl. 12–22 Uhr. Nostalgisches kleines Café im Schatten der Marienkirche. Mit gemütlichen Sesseln, Bücherregalen und Familienfotos an der Wand erscheint es wie ein privates Wohnzimmer. Mehrmals täglich werden im »alten Kasten« *(w starym kadrze)*, d. h. im Hinterzimmer mit nur zwölf Plätzen, internationale Filme im O-Ton gezeigt. Sehr beliebt, deshalb rechtzeitig reservieren! In Sommer öffnet eine Terrasse.

Einheimischen-Treff – **Sowa:** ■ **Karte 2, B 6,** ul. Długa 13–17, www.cukiernia-sowa-gdansk.pl, tgl. 9–21 Uhr. Die Konditorkette erfreut sich in ganz Polen großer Beliebtheit, allein in der Dreistadt gibt es zehn Filialen. Die schönste befindet sich in der Langgasse, wo Sie auch auf der aussichtsreichen Terrasse Platz nehmen können. Der Grund der Popularität: Pralinen,

Torten, Kuchen und Eis werden in Eigenregie aus guten Zutaten hergestellt, wobei an Sahne und Butter nicht gespart wird. Präsentiert werden die Kalorienbomben in modern-schnörkellosem Ambiente. Für Klarheit sorgt auch die Bezahlung – jedes Stück wird nach Gewicht abgerechnet.

In Sopot

Kultig – **Błękitny Pudel:** ■ **Karte 3, B 2,** ul. Bohaterów Monte Casino 44, Tel. 58 551 16 72, www.blekitnypudel.pl. Sympathisch-bunter Treff auf Sopots Flaniermeile – ideal für Kaffee & Kuchen oder einen abendlichen Cocktail. In einem polnischen Prospekt war zu lesen: »Jeder, der es in seiner Kindheit geliebt hat auf dem Dachstuhl von Oma Mäuschen zu spielen, quietschende Schränke zu öffnen und verfilzte Hüte aus den 1930er Jahren anzuprobieren, finden hier eine einladende Haltestelle.«

Mit einem Schuss Nostalgie – **Ferber:** ■ **Karte 3, B 2,** ul. Bohaterów Monte Cassino 48, www.ferber.pl, tgl. 9–22 Uhr. Ebenso wie in Danzig sucht auch in Sopot das Café Ferber einen historischen Bezug zum Ort: Ein wandgroßes Foto in flimmerndem Sepia-Braun zeigt voll eingekleidete Badende anno dazumal. Davor sitzt man bequem auf weich gepolsterten Stühlen und lässt sich nicht nur Süßes schmecken. Wie wäre es mit Hühnchensalat, Lachs-Lasagne oder Entenbrust auf roter Beete?

Von Kafka inspiriert – **Józef K.:** ■ **Karte 3, A 3,** ul. Kościuszki 4/1-B, www.jozefk.pl, tgl. 10–23 Uhr, am Wochenende länger. Jozef K., Protagonist in Kafkas »Prozess«, stand Pate: Schreibmaschinen und alte TV-Schirme, ein aus einem Tisch emporwachsender Baum, Möbel vom Sperrmüll und an der

Wand mit Cartoons verfremdete Ölbilder. Und überall stapeln sich Bücher – auch in deutscher Sprache! Hier können Sie bei einer Tasse Kaffee Stunden verbringen – keiner wird Sie zum Verzehr drängen. Etwas versteckt in einem Hinterhof nahe dem Bahnhof, oft finden hier literarische Lesungen statt.

Im Kurhaus – **Let's Art:** ■ **Karte 3, B/C 2,** pl. Zdrojowy 2. Gut versteckt im Zwischengeschoss der Kunstgalerie sitzen Sie mit Blick auf Mole und Meer. Manchmal gibt's Jazzkonzerte, Performances, Tanz-Sessions und Dichterlesungen.

Nicht nur Schokolade – **Pijalnia Czekolady Wedel:** ■ **Karte 3, B 3,** ul. Bohaterów Monte Cassino 36, www.wedelpijalnie.pl. Die Schoko-Trinkstube des traditionsreichen Confiseurs Wedel ist Treffpunkt gut situierter Bürger. Begehrt sind auch die handgemachten Pralinen!

In Gdynia

Einen Moment bitte! – **Chwila:** ■ **Karte 4, A 1,** ul. Świętojańska 30, www.chwilamoment.com.pl, 8–20 Uhr. Für einen Moment *(chwila)* ist das Café im Erdgeschoss der Infobox (s. S. 72) immer gut. Hier werden Brot und Blätterteigstücke, Quiches und Pizzen gebacken, Frühstücksgedecke und gute Sandwiches arrangiert. Im verglasten Obergeschoss öffnet ein informeller Grill.

Gourmet-Lokale

In Danzig

Gelungener Abend – **Fellini:** ■ **Karte 2, D 4,** Targ Rybny 6, Tel. 58 719 76 20, www.restauracjafellini.pl, tgl. 12–23 Uhr, Hauptgerichte ab 10 €. Das kleine Restaurant am Fischmarkt wirkt mit viel

Essen und Trinken

Edelholz und weich gepolsterten Sitzen wie der intime Salon Frau Zaleskas, der Besitzerin. Die Küche setzt dem Wohlbefinden noch eins drauf: Frische, erstklassige Zutaten werden so fantasievoll arrangiert, dass ein langer Nachklang bleibt. Baltischer Butt zergeht auf der Zunge wie Butter, die Tigergarnelen sind schön pikant, gebadet in Zitronengras-Ingwer-Kokosmilch. Probieren Sie unbedingt die hausgemachten Desserts!

Mit langer Tradition – **Pod Łososiem:** ■ **Karte 2, D 5,** ul. Szeroka 52–54, Tel. 58 301 76 52, www.podlososiem.com.pl, tgl. 12–22 Uhr, Hauptgerichte ab 13 €. Um seinem exklusiven Ruf gerecht zu werden, müssen sich Gäste vom befrackten Butler einen taxierenden Blick gefallen lassen. Erst dann dürfen sie in den opulenten Barock- und Rokokoräumen Platz nehmen. Dem König der Fische, dem namensgebenden Lachs, sind die Spezialitäten des Hauses gewidmet: Lachs-Tatar als Vorspeise, dann – in kleinen Portionen – Lachs mit Krebs-, Kapern-, Steinpilz- oder Schnittlauchsauce, glaciert, gegrillt, pochiert, filetiert oder mit Kaviar überbacken.

Im Abtspalast von Oliwa – **Restauracja w Pałacu Opatów:** ■ **Karte 4, A 2,** ul. Cystersów 18 (Oliwa), Tel. 58 524 56 99, www.restaurantpalace.gd.pl, tgl. 12–22 Uhr, Hauptgerichte ab 11 €. Rokoko-Ambiente mit Kristalllüstern und goldgerahmten Spiegeln, gestärktem Leinen und funkelnder Gläserpalette auf dem Tisch. Die Küche variiert Saisonales: im Herbst viel Wild, im Sommer Fisch und Meeresfrüchte.

In Sopot

Vom Feinsten – **Petit Paris:** ■ **Karte 3, C 2,** ul. Grunwaldzka 12/16, Tel. 58 341 94 49, www.petitparis.pl, tgl.

13–22 Uhr, Hauptgerichte ab 8 €. Im hip gestylten Restaurant nahe der Mole wird vorwiegend französische Küche serviert, doch auch die »polnische Ente« wird gern bestellt.

Entspannung in einer Gartenvilla – **793:** ■ **Karte 4, A 2,** al. Niepodległości 793, tgl. 12–24 Uhr. In diesem aufwändig restaurierten Palazzo nördl. des Zentrums fühlen Sie sich in andere Epochen versetzt – ein magischer Ort. Über einen Kiesweg, vorbei an einem Wasserspiel, geht's ins Innere, wo Sie zwischen einem Prachtsalon, einem Wintergarten und einer Bodega wählen können. Die Küche bietet das Beste von allen Kontinenten, gleichermaßen exquisit sind Fleisch und Fisch.

Gut und günstig

In Danzig
Pfannekuchen über alles! – **Naleśnikowo:** ■ **Karte 2, B 6,** ul. Ogarna 125, www.nalesnikowo.com.pl, tgl. 10–21 Uhr, Hauptgerichte ab 3 €. Fastfood auf die schöne Art: Rosa Wände und quitschgelbe Bänke, Tische mit rotgetupfter Decke und die Wände vollgekritzelt mit Rezepten – all dies macht nicht nur Kindern Spaß! Zu essen gibt's, wie zu erwarten ist, *naleśniki,* d. h. Pfannkuchen in den unterschiedlichsten Varianten: süß und sauer, fein und pikant, mit Nutella und Chorizo-Wurst, Waldfrüchten oder -pilzen.

Superpreiswert – **Neptun:** ■ **Karte 2, C 6,** ul. Długa 33/34, Tel. 58 301 49 88, www.barneptun.pl, Mo–Fr 7.30–18, Sa, So 10–17 Uhr, Gerichte ab 2 € (Gratis-WLAN). Die bekannteste Bar Mleczny (Milchbar) stammt aus sozialistischen Zeiten und hielt Generationen von Danzigern mit Hausmannskost über Wasser. Auf einer großen Tafel ist angeschrieben, was es gibt. Stets mit von der Partie sind *żurek* (Roggenmehlsuppe) und *barszcz* (Rote-Beete-Suppe), *pierogi* (Teigtaschen) und *bigos* (gedünstetes Sauerkraut), *rolada wołowa* (Rinderroulade) und *gołąbki* (gefüllte Kohlrouladen). Sie bestellen das Gewünschte, schieben die dampfenden Gerichte zur Kasse und suchen sich dann einen Platz: Während im Erdgeschoss Kantinenambiente herrscht, ist es im ersten Stock recht gemütich.

Piroggen-Crashkurs – **Pierogarnia U Dzika:** ■ **Karte 2, C 5,** ul. Piwna 59/60, Tel. 58 305 26 76, www.piero garniaudzika.com, tgl. 12–22 Uhr, Hauptgerichte ab 4 €. Der Name ist Programm: In der Piroggenstube sind die Wände mit Fell tapeziert, auf der Karte stehen alle erdenklichen Teigtaschenvariationen, ganz oben jene, die mit Wild gefüllt sind. Gemütlich und preiswert, daher bei den Danzigern beliebt.

Familiär in Oliwa – **Pizzeria Margherita:** ■ **Karte 4, A 2,** ul. Cystersów 11 (Oliwa), Tel. 58 552 37 16, www.mar gherita.com.pl, tgl. 12–22 Uhr, Hauptgerichte ab 4 €. In der offenen Küche werden italienische Klassiker zubereitet, aus dem Backsteinofen kommen knusprige Pizzas.

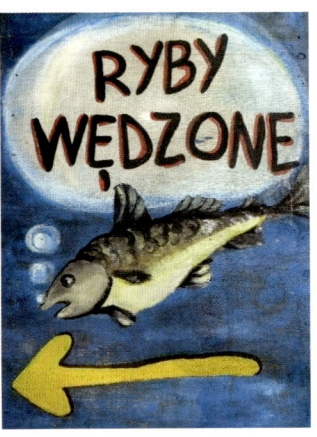

In Sopot und Orłowo weisen Schilder den Weg zum Räucherfisch

In Sopot

An der Anlegestelle – **Przystań:** ■ **Karte 4, B 2,** al. Wojska Polskiego 11, Zugang 32, www.barprzystan.pl, Tel. 58 555 06 61, tgl. 10–23 Uhr, Hauptgerichte ab 4 €. Die Selbstbedienungsbar ist Sopots beliebteste Fischadresse. Je nachdem, was gefangen wurde, gibt es Dorsch, Lachs oder Flunder, auch typische Süßwasserfische wie Zander und Hecht, die gleichfalls in der salzarmen Ostsee leben. Man sucht sich den Fisch in der Vitrine aus und wartet auf die Zubereitung. Ist der Fisch fertig, wird die zuvor gezogene Nummer ausgerufen –

Bar Mleczny – die Milchbar

Unschlagbar günstig sind Milchbars, subventionierte Volkskantinen, die sich aus sozialistischer Zeit in die Gegenwart gerettet haben. Lassen Sie sich vom Namen nicht verwirren, denn in der Milchbar gibt's keine Milch, sondern deftige polnische Hausmannskost! In keinem anderen Lokal haben Sie mehr Tuchfühlung zur ›normalen‹ Bevölkerung: Studenten sitzen neben Professoren, Angestellte neben Arbeitern und Hausfrauen neben Pensionären. Zum Einstieg empfiehlt sich die Bar Mleczny Neptun (s. S. 94.) in Danzigs schönster Straße, der Langgasse.

wer kein Polnisch spricht, lässt sich vom Tischnachbarn helfen. Man findet die Bar im Süden Sopots am Strand – in Sichtweite die aufgebockten Kutter.

Mit Sommergarten – **Sempre Pizza & Vino:** ■ **Karte 3, C 2,** ul. Grunwaldzka 11, Tel. 58 341 91 78, www.semprepizza.pl, tgl. 13–22 Uhr, Hauptgerichte ab 4 €. Pasta gab es beim letzten Besuch nicht, dafür aber sehr gute Pizza und – für polnische Verhältnisse – erstaunlich preiswerten Wein. Das Highlight ist der Biergarten am Rand eines kleines Parks; drinnen bietet der Wintergarten die schönsten Sitzplätze.

Szene und Ambiente

In Danzig

Informell – **Czerwone Drzwi:** ■ **Karte 2, C 5,** ul. Piwna 52, Tel. 58 301 57 64, www.reddoor.gd.pl, tgl. ab 10 Uhr, Hauptgerichte ab 6 €. Dank der 7 m hohen Wände und Fenster wirkt das Lokal größer als es ist, für Frische sorgen die Rottöne *(czerwone).* Die lässige Atmosphäre wird durch abendlichen Live-Jazz akzentuiert, die Küche ist überwiegend polnisch und bodenständig; auch wer nur auf Kaffee und Kuchen vorbeikommt, ist willkommen.

Lounge-Ambiente – **Mon Balzac:** ■ **Karte 2, C 6,** Piwna 36/39/Ecke Kramarska, Tel. 58 682 25 25, www.mon

balzac.pl, tgl. 8–24 Uhr, Hauptgerichte ab 5 €. Nackte Backsteinwände, dazu warme Rot- und Brauntöne, World- und Jazzmusik, Balzac-Bücher im Regal – all das wirkt entspannend. Vormittags gibt's Frühstücksgedecke, für den kleinen Hunger zwischendurch Sandwiches und französisch inspirierte Desserts, abends sind die Fondue Variationen der Renner.

In einstiger Textilmanufaktur – **Tekstylia:** ■ **Karte 2, C 5,** ul. Szeroka 121 / Ecke ul. Pańska, Tel. 58 304 77 63, www.tekstyliacafe.pl, tgl. 9–23 Uhr, Hauptgerichte ab 5 €. Eine ehemalige Textilmanufaktur in der Rechtstadt wurde in ein Bistro verwandelt. Mit Mega-Bildern alter Nähmaschinen, (deutsch beschrifteten) Kleiderbügeln an der Wand und vielen weiteren Textil-Accessoires erinnert es an den historischen Ort. Beliebt sind Suppen und Salate, Kaffee und Kuchen sowie Klassiker polnischer Hausmannskost (gut: die Roggenmehlsuppe *żurek*) – fast immer ist es hier rappelvoll. Im Sommer ist auch die Straßenterrasse dicht besetzt (Gratis-WLAN).

In Sopot

Licht und luftig – **Dom Sushi:** ■ **Karte 3, B 2,** ul. Bohaterów Monte Cassino 38, Tel. 58 550 70 07, www.domsushi.pl, Sushi-Teller ab 4 €. Das beste unter Sopots Sushi-Lokalen liegt zentral und doch versteckt im »Hof der Drei

Przekąski, Zakąski – Bistro Bars

Liegt's an der Krise? In ganz Polen haben nostalgische Bistro-Bars großen Zulauf. Egal ob sie Szynk (von Schänke), Przekąski (Imbiss) oder Zakąski (Häppchen) heißen – ihr Erfolgsrezept ist stets gleich. Für nur 1 € wird ein hochprozentiger Shot serviert (z. B. ein Gläschen Wodka) und zum gleichen Preis gibt's einen sättigenden Happen dazu, etwa marinierten Hering, Lachsröllchen oder ein Kanapee.

U Kucharzy – Bei den Köchen in Sopot sitzt man nahe am Geschehen

Grazien«, der am Haus Nr. 38 von der Fußgängermeile abgeht. Man sitzt rings um eine birnenförmige Bar, vor der ein Wasserband fließt. Darauf schwimmen Boote, die der Sushi-Meister mit allerlei Köstlichkeiten bestückt – gern schaut man ihm bei der Arbeit zu. Sergio und Mirek halten den Laden gleichfalls in Schwung. Lichtes Ambiente sorgt für Wohlbefinden – empfehlenswert!

Am Ende der Mole – **Meridian Molo:** ■ **Karte 3, D 1,** Molo, Tel. 58 345 25 25, www.meridianmolo.pl, tgl. 11–22 Uhr, Snacks ab 5 €, Hauptgerichte ab 9 €. Es wirkt wie ein auf der Mole gestrandeter Luxusdampfer und bietet nach allen Seiten einen schönen Blick auf die Danziger Bucht. Ob ein kühles Bier, Kaffee & Kuchen, Hawaii-Toast oder Lachs-Carpaccio – hier sorgt die Meeresbrise für Würze!

Den Köchen auf die Finger geschaut – **U Kucharzy:** ■ **Karte 3, B 2,** ul. Bohaterów Monte Cassino 60, Tel. 58 554 14 76, www.gesslersopot.pl, tgl. 13–23 Uhr, Hauptgerichte ab 8 €. Die Gäste sitzen auf Barhockern an der Theke, die im Rechteck rings um die offene Küche gezogen ist. Das verschafft nicht nur Ausblick auf die Köche, sondern auch Nähe und Gemütlichkeit. Es gibt eine Handvoll täglich wechselnder polnischer Klassiker, frischen Fisch kann man sich beim Filetiermeister aussuchen. Immer gut: Beefsteak-Tartar und marinierter Lachs, die herzhafte Fischsuppe und die hausgemachten Desserts, die auf einem Wägelchen vorgefahren werden.

In Gdynia

Toll zum Sonnenuntergang – **Barracuda:** ■ **Karte 4, A 1,** Bulwar Nadmorski 10, Tel. 58 620 80 00, www.baracuda.net.pl, tgl. 12–23 Uhr, Hauptgerichte ab 8 €. Durch Panoramafenster schaut man auf die Danziger Bucht und genießt die frische Meeresküche. Gelungen ist auch das moderne Ambiente mit maritimem Dekor.

Typisch Danzig

In Danzig

Opulent – **Gdańska:** ■ **Karte 2, C 5,** ul. Św. Ducha 16, Tel. 58 305 76 71, www.gdanska.pl, tgl. 12–22 Uhr, Hauptgerichte ab 8 €, mittags auch preisgünstige Menüs. Das traditionsreiche Lokal wirkt mit seinen von der Decke hängenden Schiffsmodellen, den prunkvollen Ölgemälden, Spiegeln und Kerzenlüstern fast museal. Es bietet gute altpolnische Küche, zur Jagdzeit bekommt man auch Reh und Wildschwein.

Gespeist aus Legenden – **Gdański Bowke:** ■ **Karte 2, D 6,** Długie Pobrzeże 11, Tel. 58 380 11 11, www.gdanskibowke.com, tgl. 10–22 Uhr, Hauptgerichte ab 6 €. Mit hellem Holz auf rustikale Taverne getrimmtes Lokal an der Promenade – die Danziger Bowken (s. S. 8) lassen grüßen. Serviert wird nicht nur eigenes, naturtrübes Bowke Bier, sondern auch dazu passende, verfeinerte Traditionsküche: selbst gebackenes Brot und originell gefüllte Piroggen, Fischsuppe mit Garnelen und

in Gold- und Bernsteinlikör mariniertes Fleisch.

Fantastisch – **Goldwasser Restaurant:** ■ **Karte 2, D 5,** Długie Pobrzeże 22, Tel. 58 301 88 78, www.goldwasser.pl, tgl. 10–23 Uhr, Hauptgericht 8 €. Die meisten Gäste nehmen auf der Uferterrasse Platz, um die Schiffe auf der Mottlau an sich vorbeiziehen zu lassen. Doch lohnt es sich auch, einen Blick ins Innere zu werfen: Die Tische stehen in stimmungsvoll ausgemalten Nischen, über dem Tisch hängen opulente Lüster. Im 2. Stock rekeln sich auf den Wänden laszive Frauenschönheiten von Gustav Klimt. Und auch die Küche gefällt: frischer Fisch mit Pfiff, feine Entenbrust sowie Steak, großzügig bemessen und profesionell zubereitet. Hausgemachtes Brot und exquisite Desserts runden die Tafel ab.

Trendig kaschubisch – **Kubicki:** ■ **Karte 2, D 4,** ul. Wartka 5, Tel. 58 301 00 50, www.restauracjakubicki.pl, tgl. 12–22 Uhr, Hauptgerichte ab 9 €. Mit der Aufhübschung des Fischmarkts hat sich auch das alte, 1918 eröffnete Kubicki gewandelt. Von den Ziegelsteinen über die Kronleuchter bis zu den Polstersitzen wurde alles Traditionelle trendig aufbereitet. Nur die Vitrine am Eingang, in der die bei Danzigern begehrten kaschubischen Aspikgerichte stehen, blieb erhalten. Wie das Ambiente so die Küche: Zu den erstklassigen Regionalgerichten gehören die pikante, im Weckglas servierte Fischsuppe, Heringtatar und Gemüsepiroggen mit Fischfüllung – oder soll es doch lieber Wildschwein in Pflaumensoße sein? Bei schönem Wetter sitzt man auf der großen Terrasse am Fluss.

Fisch vom Feinsten – **Targ Rybny:** ■ **Karte 2, D 4,** Targ Rybny 6-C, Tel. 58

320 90 11, www.targrybny.pl, tgl. 12–23 Uhr, Hauptgerichte ab 9 €. Das Lokal am Fischmarkt ist rustikal-maritim inspiriert. Über knarrende Dielen gelangen Sie zu gemütlichen Sitzecken, wo Sie es sich bequem machen können. Lecker sind die Suppen, z. B. mit Lachs, Forelle oder Flusskrebs. Garantiert frisch ist der Fisch, den Sie sich in der Vitrine aussuchen können. Aber auch das Fleisch kann sich sehen lassen: Lady-, Chateaubriand- und T-Bone-Steaks werden auf Teakholz-Tellern mit Ofenkartoffel und Sourcreme serviert. Im Sommer sitzt man auf der Terrasse, drinnen ist es besonders schön am Abend, wenn das Kaminfeuer prasselt.

In Sopot

Am Strand – **Bulaj:** ■ **Karte 3, nördl. B 1,** al. Mamuszki 22, Tel. 58 551 51 29, www.bulaj.pl, tgl. 11–22 Uhr, Hauptgerichte ab 5 €. Das Holzhaus steht im Park am Strand, ca. 10 Gehminuten nördlich der Mole. Artur Moroz bereitet vorzügliche Fischgerichte: Zander in Pilzsoße, Dorschfilet in saurer Sahne mit Meerrettich, Heilbutt mit grünen Bohnen … Genießen Sie hier den Sonnenuntergang!

Land-Gasthaus – **Karczma Irena:** ■ **Karte 3, B 3,** ul. Chopina 36, Tel. 58 551 20 73, www.pensjonat-irena.com, tgl. 13–23 Uhr, Hauptgerichte ab 6 €. Decke, Boden, Tisch und Stuhl – alles ist aus Holz im Stil einer *karczma,* einem Landgasthaus nachempfunden. Dazu passt die traditionelle polnische Küche mit Eisbein und Piroggen, Roggenmehlsuppe und Fisch vom Grill.

In Gdynia/Orłowo

Direkt am Meer – **Tawerna Orłowska:** ■ **Karte 4, A 1,** ul. Orłowska 3, Tel. 58 622 22 20, www.tawer naorlowska.pl, tgl. ab 10–20 Uhr, Hauptgerichte ab 5 €. Gasthaus nahe den hoch aufragenden Adlerklippen mit gutem Essen, vorwiegend Fisch, und herrlichem Blick auf die Ostsee. Etwa 5 km südlich von Gdynia, auf halber Strecke nach Sopot. Mit dem Auto folgt man der ul. Orłowska im Villenvorort Orłowo bis zu ihrem Ende.

Vegetarisch

Gut & gesund – **Bioway:** ■ **Karte 2, B 4,** ul. Wały Jagiellońskie 34, Tel. 58 301 70 41, www.bioway.pl, tgl. Gerichte ab 2 €. Mit vier Filialen beweist die kleine Kette, dass Veggie- und Vegan-Gerichte auch im fleischlastigen Polen auf dem Vormarsch sind. Die Besitzer legen Wert auf saisonale Zutaten der Region, die sie so schonend verarbeiten, dass ihr Eigengeschmack erhalten bleibt. Besonders empfehlenswert sind die wechselnden, preiswerten Tagesmenüs, die hausgemachten Kuchen und die frisch gepressten Fruchsäfte.

Der Pionier – **Green Way:** ■ **Karte 2, B 6,** ul. Długa 11, Tel. 58 301 82 28, www.greenway.pl, tgl. 10–20 Uhr, Gerichte ab 3 €. Mit vegetarischen Gerichten aus frischen Zutaten – und dies zu günstigem Preis – wurde Greenway eine der erfolgreichsten Gastroketten Polens. Auch in Danzig betreibt sie mehrere Dependancen, eine befindet sich zentral in der Langgasse. Wird's im Mini-Lokal zu eng, weichen Sie auf die Terrasse aus. Hier finden Sie Gemüse-Falafel und Quiches, gefüllte Samosas, Gemüsetorten und Soja-Koteletts, aber auch Polnisches wie warme und kalte Rote-Beete-Suppe *(barszcz/chłodnik)* sowie die unterschiedlich gefüllte Teigtaschen *(pierogi).* Achten Sie auf die Tagesgerichte!

Einkaufen

Westwaren haben sich in der Dreistadt durchgesetzt, von Armani bis Zara findet man dieselben Marken wie in unseren Metropolen.

Ein halbes Dutzend großer Einkaufszentren gibt es, die mit ihrem Mix aus Supermärkten und Mega-Kinos, Bistros und Boutiquen die kauflustigen Polen anlocken. Sie sind so dominant, dass sie kleineren Läden das Wasser abzugraben drohen.

Immerhin konnten sich in der historischen Recht- und Altstadt – auch dank der vielen ausländischen Besucher – originelle Geschäfte erhalten. Die wichtigsten Einkaufsstraßen sind hier die Langgasse (ul. Długa) und die Frauengasse (ul. Mariacka) sowie die Straßen rund um die historische Markthalle und die Große Wassermühle.

Shopping-Galerien

In der Altstadt entstand in der Großen Wassermühle **(Wielki Młyn)** ein Mini-Einkaufszentrum – allein um die mittelalterliche Architektur zu sehen, lohnt der Besuch!

Größer ist das Angebot im **Madison**, gleichfalls in der Altstadt, allerdings ohne historisches Flair. Mega-Malls finden Sie außerhalb des historischen Zentrums, so in Wrzeszcz und in Gdynia.

Da die Einkaufszentren auch sonntags öffnen, hat der Klerus zu einem »Kreuzzug gegen den Konsumwahn«

ausgerufen – doch die Lust am *szopink* (polonisiert für Shopping) lassen sich die Polen auch von der katholischen Kirche nicht nehmen.

Keine Schnäppchenware

Das Preisniveau hat sich dem westlichen angenähert. Als Faustregel gilt: Für Westware zahlt man Westpreise, nur die in Polen hergestellten Waren sind günstiger.

Drastisch gesenkt werden die Preise während des Sommer- und Winterschlussverkaufs, wenn es gilt, die Ladenfläche für die Waren der kommenden Saison zu leeren.

Öffnungszeiten

Im Normalfall öffnen Läden werktags zwischen 8 und 10 Uhr und schließen zwischen 17 und 19 Uhr. Allerdings wird der Ladenschluss flexibel gehandhabt: So lässt man im Sommer, wenn alle Leute unterwegs sind, gern ein oder zwei Stunden länger geöffnet. Und wenn alles schließt, gibt es immer noch die 24-Stunden-Läden.

Die Shopping Malls, aber auch viele Souvenirläden haben erweiterte Öffnungszeiten: Mo–Sa 10–21, So 10–20 Uhr.

Markthallen sind montags bis samstags von 9 bis 15 Uhr geöffnet.

Wollen Sie außerhalb der Öffnungszeiten ein typisches Souvenir erstehen, schauen Sie nach unter www.gdansk.findlocalgift.com.

Antiquitäten, Kunst und Schmuck

Bernstein gibt's am **Langen Markt** (Długi Targ) und an der **Mottlau-Promenade** (Długie Pobrzeże), vor allem aber in der **Frauengasse** (ul. Mariacka), wo sich ein Schmuckladen an den nächsten reiht.

Gratis-Vorführung – **Amber Gallery:** ■ **Karte 2, C 6,** Długi Targ 1, Gdańsk, www.ambergallery.pl. In kurzen, mehrmals täglich stattfindenden Vorführungen erfahren Sie alles Wichtige über Bernstein, über das Schleifen und Polieren. In Echtheitsproben wird gezeigt, wie man Bernstein vom synthetischen Imitat unterscheiden kann. Auch die Präsentation gefällt: In raumhohen Vitrinen ist Bernstein- und Silberschmuck großzügig arrangiert. 1949 gegründet, ist dies eines der ältesten Bernsteingeschäfte, jedes Stück mit Qualitätszertifikat.

Frisch & frech – **Amber Moda:** ■ **Karte 3, C 2,** ul. Grunwaldzka 12–16, Sopot, ambermoda.com. Mariusz Gliwiński schafft Kreationen, die bei der Amber Look Gala für Furore sorgen: barock-üppige und streng symmetrische Linien, Bernststein in recycltem Material, Schmuck für den Mann und kleine Kunstobjekte.

Museal – **Galeria Wydra:** ■ **Karte 2, C 5,** ul. Mariacka 49, Gdańsk. Allein um die antike Inneneinrichtung zu sehen, lohnt der Besuch. Schwere, dunkle Vitrinen beherbergen nicht nur Schmuck, sondern auch Schachspiele und Mini-Altäre aus Bernstein.

Selbst Hand anlegen – **Pracownia i Galeria Styl:** ■ **Karte 2, D 5,** ul. Długie Pobrzeże 31, Gdańsk, www.amberstyl.pl. Zbigniew Strzelczyk ist schon lange im Bernsteingeschäft tätig, sein Atelier neben dem Krantor existiert seit 1974. Heute ist er Vorsitzender der Bernsteinkammer: »Was ich an Bernstein so liebe«, sagt er, ist, dass jedes Stück ein Unikat ist. Und dass er so alt ist wie die Dinosaurier!« Durchs Mikroskop können Sie in viele Millionen Jahre alten Bernstein schauen und dabei eingeschlossene Insekten bestaunen. Angeboten werden einstündige Workshops, in denen Sie praktisch tätig werden und selbst Bernstein schleifen können.

Im Bernsteinmuseum – **S & A:** ■ **Karte 2, B 5,** ul. Długa s/n, Gdańsk. Im Innenhof des Bernsteinmuseums wird

Bernstein – baltisches Gold

Wenn Sie bei Bernstein an Omas Brosche denken, werden Sie in der Dreistadt überrascht. Während einige Schmuckgalerien den traditionellen Geschmack bedienen, sind andere zu neuen Ufern aufgebrochen. Wer hundertprozentig sicher sein will, baltischen Bernstein und kein Imitat zu erwerben, kauft in zertifizierten Läden der Danziger Bernsteinkammer (KIGB), erkennbar an der entsprechenden Plakette. Für Sicherheit sorgt auch die Internationale Bernstein-Vereinigung, die ihre Mitglieder stichprobenartig überprüft. Es mag auch sinnvoll sein, sich beim Kauf einer Ware den ›Bernstein-Ausweis‹ ausstellen zu lassen: Darin werden Ihre Käufe vermerkt und um den Stempel des Verkäufers ergänzt.

ausgefallener Schmuck angeboten, zertifiziert von der Internationalen Bernsteingesellschaft. Dazu gibt es kleine Vorführungen zur Verarbeitung.

Originelle Erstlingswerke – **Studio Amber:** ■ **Karte 2, C 6,** ul. Mariacka 2/3, Gdańsk. Oft kann man hier Einzelstücke von Absolventen der Danziger Kunstakademie erwerben.

Kunsthandwerk und Souvenirs

Made in Poland – **Ars Balticum/ Gdańsk Souvenir Centre:** ■ **Karte 2, C 6,** ul. Długa 29, Gdańsk. In der Langgasse finden Sie Kristallglas aus dem Riesengebirge, Bunzlauer Keramik, Leder aus der Hohen Tatra, Erinnerungen an die Solidarność-Ära und auch die unvermeidlichen Tassen, Schals und T-Shirts mit der Aufschrift »Gdańsk« bzw. »Polska«.

Es lebe die Tradition – **Cepelia:** ■ **Karte 2, C 6,** ul. Długa 47, Gdańsk, www.cepelia.pl. Seit 1949 widmet sich der Verein der Kunsthandwerker der Verbreitung und dem Verkauf von Volkskunst. Ein dichtes Filialnetz hat er über das Land gespannt, doch ist das Sortiment unterschiedlich: Da gibt es Läden mit folkloristischem Kitsch, aber auch Galerien mit Arbeiten internationnal renommierter Künstler. Klassiker sind aus rauer Schafswolle grob gestrickte Pullover und Lederwaren mit rustikalen Ornamenten, geschliffenes und geblasenes Glas, geklöppelte Spitzendecken, Scherenschnitte und spinnenartige Mobiles.

Bunzlauer Keramik – **Ceramic Bolesławiec:** ■ **Karte 2, D 6,** ul. Stągiewna 18, Gdańsk, www.ceramic boleslawiec.com.pl. Der Ton aus dem niederschlesischen Bolesławiec (Bunzlau) kann bei extrem hohen Temperaturen gebrannt werden, was ihn sehr robust macht. Anders als kaschubische Keramik wird er nicht mit Blumenmotiven, sondern mit blauem Pfauenaugenmuster dekoriert. Da gibt es feuerfeste Wasserkrüge, Milchtöpfe und Teigschüsseln, Tassen und Teller uvm.

Glas über alles – **Galeria Grobla:** ■ **Karte 2, C 5,** ul. Grobla I 5–7, Gdańsk. www.galeriagrobla.pl. Maciej Habrat, der Besitzer der Galerie am Löwenbrunnen, stellt mundgeblasene, farbintensive Glasobjekte mit naivem Touch her: Geschirr, Vasen und Lampenschirme, Glasmalereien zum Aufhängen und auch kleine Skulpturen, z. B. von seinem Lieblingstier, der Katze.

Aus der Kaschubei – **Galeria Sztuki Kaszubskiej:** ■ **Karte 2, C 5,** ul. św. Ducha 48, Gdańsk, www.gskart.pl. In

Kaschubisches Kunsthandwerk

An Danzig grenzt die Kaschubei (s. S. 80), die in Polen für ihr originelles Kunsthandwerk bekannt ist. Fünf Farben sind Trumpf: das Grün des Waldes und das Schwarz der Erde, das Rot des Feuers und das Gelb der Sonne, dazu das Blau von Himmel, See und Meer. Ob Keramik mit Blumenmotiven, ins Groteske verfremdete Heiligenfiguren, bunt besticktes Leinen oder noch bunteres Holzspielzeug – aus allen Gegenständen spricht Lebenslust und Heiterkeit.

Kaschubische Keramik – immer mit der blauen Blume

der »Galerie kaschubischer Kunst« im Schatten der Marienkirche gibt es mit Blumen bunt bestickte Leinendecken und mit Blumen bemaltes Porzellan, weiße Blusen, wie man sie bei Festen trägt und Tabakdosen für Schnupftabak, ohne die kein waschechter Kaschube auskommt.

Bücher und mehr

Multimedia – **EMPiK:** ■ **Karte 2, B 4,** ul. Podwale Grodzkie 8, Gdańsk, www.empik.com, auch So geöffnet. Großes Buch- und Zeitschriftensortiment (auch deutschsprachige Titel), reiche Auswahl an CDs und DVDs, darunter viele polnische Musikgruppen.

Delikatessen und Lebensmittel

Lebkuchen – **Kopernik:** ■ **Karte 2, C 6,** ul. Mariacka 1, Gdańsk, www.gotykhouse.eu. Im Untergeschoss des winzigen Gotyk-Hauses, in dem angeblich der Astronom Kopernikus zu Gast war, werden aus dessen Geburtsstadt Thorner Lebkuchen in dekorativer Verpackung verkauft.

Aus dem Kloster – **Produkty Benedyktyńskie:** ■ **Karte 2, B 6,** ul. Długa 5 (Eingang von ul. Garbary), Gdańsk und al. Niepodległości 718, Sopot, www.benedicite.pl. Alles, was die geschäftstüchtigen Benediktiner aus der Krakauer Abtei verkaufen, ist hausgemacht und obendrein frei von Farb- und Konservierungsstoffen: Käse und Wurst, Wein und Bier, Kräuter und Tee, Marmelade, Honig und Sirup – und sogar Kosmetik! Dekorativ verpackt, geben die Kulinaria schöne Mitbringsel ab und können auch online bestellt werden.

Märkte und Einkaufspassagen

Danzig, Sopot und Gdynia haben jeweils eine eigene Markthalle, in der sich

Einkaufen

die weniger begüterten Polen mit allem Wichtigen versorgen. Hier können Sie Alltags-Ambiente schnuppern und vielleicht das eine oder andere kulinarische Mitbringsel erstehen: getrocknete Waldpilze, die Suppen und Soßen raffinierte Würze verleihen, die sprichwörtlich guten polnischen Landwürste oder Räucherkäse *oscypek,* Polens einziges Molkereiprodukt mit geschützter Herkunftsbezeichnung.

Die Gegenwelt zum Markt ist das Einkaufszentrum mit Glitzer- und Glasfassaden und einem Angebot, das sich in nichts von dem westeuropäischer Städte unterscheidet. Hier sind alle großen Modemarken vertreten – nicht nur für Kleidung, sondern auch Schuhe, Taschen und Accessoires. Viele Polen schätzen an den Einkaufszentren ihre großen Gratis-Parkflächen.

Baltisches EKZ – **Galeria Bałtycka:** ■ **Karte 4, B 3,** al. Grunwaldzka 141, Gdańsk-Wrzeszcz, www.galeriabaltycka.pl, Tram 5, 6, 9, 11, 12 bis Galeria Bałtycka. Das beliebteste Einkaufszentrum der Dreistadt lockt mit 200 Läden und einem riesigen Carrefour-Supermarkt. Originell: Der skandinavische Inneneinrichter Almib Dekor im Erdgeschoss.

Markthalle Danzig – **Hala Targowa:** ■ **Karte 2, C 5,** pl. Dominikański 1, Gdańsk, www.halatargowa.pl, Mo–Fr 9–18, Sa 9–15 Uhr. Die neugotische Markthalle anno 1896, aufwändig renoviert, ist aufgrund ihrer fantastischen Innenarchitektur einen Blick wert (s. S. 42). Zu kaufen gibt's preiswerte Textilien, Haushaltswaren und Krimskrams, im Souterrain Lebensmittel. Noch mehr Frisches gibt's vor der Halle: Waldbeeren im Sommer, Pilze im Herbst.

Markthalle Gdynia– **Hala Targowa:** ■ **Karte 4, A 1,** ul. Wojta Radtkiego/ul. 3 Maja, Gdynia, Mo–Fr 8.30–17, Sa 8.30–15 Uhr. Lebensmittel und frischer Fisch, Obst und Gemüse – eine Einkaufserfahrung wie anno dazumal.

Im Viertel »Adlerhorst« – **Klif:** ■ **Karte 4, A 1,** al. Zwycięstwa 256, Gdynia, www.klif.pl. An der Bahnstation Gdynia Orłowo gibt es ein großes Angebot an Modeläden. Die Palette reicht von Benetton über Tommy Hilfiger bis zur Luxusmarke Liu Jo – insgesamt 150 Geschäfte und etliche Lokale.

Kleines Einkaufszentrum – **Krzywy Domek:** ■ **Karte 3, B 2,** ul. Bohaterow Monte Cassino 5, Sopot. Im

Danzig Design

Skandinavische Tradition trifft auf polnische Folk-Art, Schnörkelloses geht eine erstaunliche Symbiose mit einer naiv-bunten Fantasiewelt ein. Im **Gdynia Design Centre** entwerfen kreative Köpfe viele jener Prototypen, die im ganzen Land kopiert werden: Gebrauchsgegenstände, Textilien und Mode. Sie sind handwerklich gut ausgebildet und haben ein Gespür dafür, dass Gegenstände den Alltag der Menschen nicht nur verschönern, sondern auch erleichtern sollen. Originelle Entwürfe der Dreistädter finden Sie in der Neuen Galerie des Design Centre im Wissenschafts- und Technologiepark:
Nowa Galeria: ■ **Karte 4, A 1,** al. Zwycięstwa 96/98, www.centrumdesignu.gdynia.pl, tgl. 11–19 Uhr.

Vor der Markthalle in Danzig

»Schiefen Haus« gibt es Souvenirläden und Boutiquen.

Am Rand der Altstadt – **Madison:** ■ **B 3,** ul. Rajska 10, Gdańsk, www.madison.gda.pl. Mit Delikatessen-Supermarkt, Markenläden, Fastfood-Lokalen, Cafés – und vielen Figuren aus der Danziger Geschichte.

Mit Kultur – **Manhattan:** ■ **Karte 4, B 3,** al. Grunwaldzka 82, Gdańsk-Wrzeszcz, www.gchmanhattan.pl, Tram 5, 6, 9, 11, 12 bis Jaśkowa Dolina. Kleiner als das Bałtycka, dafür mit kulturellem Anspruch: Bibliothek, Theater Znak und Schauspielschule.

Markthalle – **Sopocki Rynek:** ■ **Karte 4, A 2,** ul. Polna 8–12, Sopot, www.sopockirynek.pl, nur Di und Fr 9–13 Uhr. Am Dienstag- und Freitagmorgen kommen Bauern aus der Umgebung und verkaufen Lebensmittel, Obst und Gemüse, daneben sieht man Klamotten und Flohmarktartikel. Freitags stellen lokale Künstler ihre Werke aus, manchmal gibt es dazu Live-Musik.

In einer mittelalterlichen Mühle – **Wielki Młyn:** ■ **Karte 2, C 4,** ul. Rajska s/n, Gdańsk. Die ausgehöhlte Mühle beeindruckt mit ihrer Architektur, und in einer Handvoll Läden können Sie hier auch stöbern.

Ausgehen – abends und nachts

Erst ein kühles Bier, ein Shot oder ein Glas Wein, dann Kultur tanken oder gleich eintauchen in die Club-Szene: Danzigs Nächte sind lang, vor allem am Wochenende! Mussten früher Nachtschwärmer noch ins Studenten-Viertel Wrzeszcz fahren, um etwas zu erleben, bietet heute die Danziger Recht- und Altstadt die noch besseren Ausgehadressen.

Im Sommer verlagert sich der Hotspot der Nachtszene in den Badeort Sopot, wo nicht nur am Strand legendäre Parties steigen.

Disco & Dance

Gemütliche Cafés mutieren abends zu Bars, die zuweilen über einen kleinen Dancefloor verfügen. Hier können Sie im intimen Rahmen mit wenigen Gleichgesinnten das Tanzbein schwingen. Daneben gibt es ›richtige‹ Clubs, gigantisch groß und mit Industriecharme. Videoclips, flimmernde Discokugeln und Laserlight sorgen für das gewünschte Trance- und Underground-Ambiente.

Während der Woche ist der Eintritt meist frei, Fr/Sa ist ein kleiner Obolus zu entrichten; Frauen zahlen oft gar nichts. Die Drinks sind in der Regel preiswert, die ›Gorillas‹ am Kneipeneingang meist harmlos.

Kultur & Unterhaltung

Vor allem im Sommer ist der offizielle Veranstaltungskalender prall gefüllt –

achten Sie auch auf die Aushänge an den Litfasssäulen.

Wer ein klassisches Konzert besuchen möchte, geht in die Baltische Philharmonie oder die Oper, stimmungsvoll sind Musikabende in historischen Kirchen und Patrizierhäusern.

Eine Danziger Spezialität sind Orgelkonzerte, z. B. in der Marienkirche und in der Kathedrale von Oliwa.

Großes Theater

Schauspielkunst hat in Danzig eine lange Tradition. Schon 1611 öffnete eine Bühne, die als das erste Shakespeare-Theater auf dem europäischen Festland galt. Aus London angereiste Wanderschauspieler führten hier Stücke des britischen Dramatikers auf. Seit 2014 gibt es in Danzig ein neues Shakespeare-Theater – mit hölzernen Galerien und einem beweglichen Dach. Zukünftig wird hier jedes Jahr im August das Internationale Shakespeare-Festival stattfinden.

Doch auch die übrigen Bühnen der Stadt lohnen einen Besuch, denn das polnische Theater lebt stark von Gestik und Mimik.

Kulturinfos & Tickets

Ob Jazz-Event, Theater oder Konzert: Ausführliche Hinweise erhält man in der Kulturinfo (s. S. 20). Konzerttickets bekommt man im Media-Laden EMPiK (s. S. 103) oder im Internet über www.eventim.pl.

Bars und Kneipen

Bei der ›grünen Fee‹ – **Absinthe:** ■ **Karte 2, B 5,** ul. Św. Ducha 2 (Teatr Wybrzeże), www.cafeabsinthe.pl, tgl. 10–4 Uhr. Die grün gestylte Bar ist ein Treffpunkt unterschiedlichster Charaktere, darunter finden sich immer ein paar Schauspieler des benachbarten Theaters. Sie alle kommen, um hochprozentigen Absinth zu trinken und sich guter Stimmung hinzugeben. Absinth besteht aus Wermut, Anis und Fenchel und erhält durch Beigabe von Kräutern eine grüne Farbe, wird deshalb auch ›grüne Fee‹ genannt. Wem er zu hochprozentig ist (45–85%!), verdünnt ihn mit Mineralwasser.

Entspannt – **Café Lamus:** ■ **Karte 2, C 5,** ul. Lawendowa 8 (Eingang ul. Straganiarska), tgl. 13–2 Uhr. Am nördlichen Rand der Rechtstadt locken das poppige 1970er Jahre Design, die große Auswahl polnischer Biere und das lässige Ambiente. Wer hier Stunden beim Brettspiel verbringt, wird nicht zum Verzehr gedrängt. Ist es warm, nimmt man auf der Terrasse Platz.

Bei den Flößern – **Flisak 76:** ■ **Karte 2, C 6,** ul. Chlebnicka 9/10, Tel. 509 99 48 54, tgl. ab 15 Uhr. 1976 gegründet, sind die heutigen »Flößer« *(flisak)* die Enkelinnen der Gründer. Und noch immer geht's hoch her. Ausgeschenkt wird »lebendiges Bier« (Piwo Żywe) der lokalen Brauerei Amber, oft gibt es Live-Konzerte Danziger Musiker und obendrein einen informellen Dancefloor.

Pre-Party – **Gazeta Rock Café:** ■ **Karte 2, B 5,** ul. Tkacka 7/8, www.muzeumpolskiegorocka.pl, Fr–Sa 20–5 Uhr. Eine Art polnisches Rock-Museum mit historischen Fotos, Sofas zum Versinken und Polska Rock von *soft* bis *hard*.

Nicht nur für Schriftsteller – **Klub Pisarza:** ■ **Karte 2, C 5,** ul. Mariacka 50–52, tgl. 16–24 Uhr. Der »Schriftstellerclub« in einem historischen Haus der Frauengasse bietet eine Sommerterrasse und gemütliche Sofas im 2. Stock. Hier stärkt man sich mit kleinen Gerichten und einem guten Gespräch, bevor man in die Nacht abtaucht.

Die Volksrepublik grüßt – **No to cyk:** ■ **Karte 2, C 6,** ul. Chlebnicka 2, tgl. 14–2 Uhr. Zum billigen Bier gibt es marinierte Gurken, zum Wodka ein Schmalzbrot und dazu eine Deko, die ›die gute alte Zeit‹ im Sozialismus aufleben lässt. Sehr populär!

Bier- und Wodka-Trinkstube – **Pijalnia Wódki i Piwa:** ■ **Karte 2, C 6,** Długi Targ (Eingang ul. Kuśnierska), tgl. 9–5 Uhr. Ein typisches Przekąski-Zakąski-Lokal (s. S. 96), das mit Kommie-Postern auf der Nostalgie-Welle reitet. Nur einen Schritt vom Langen Markt entfernt, treffen sich hier v. a. Danziger auf einen Shot und einen kräftigen Bissen – zu unschlagbar günstigem Preis.

Kult-Tankstelle – **Stacja De Luxe:** ■ **außerh. A 1,** Grunwaldzka 22, www.stacjadeluxe.pl, tgl. 10–24 Uhr, Tram 10, 12: Miszewskiego. Eine ehemalige Tankstelle, halb Bistro, halb Bar mit Disco wurde zu einem der wichtigsten Treffs der Stadt. Die Zapfsäulen stehen noch, gesessen wird auf Bus- und Autositzen, an der Wand hängen Motorräder, halbe Autos und Rückspiegel. Auch die Getränke und Gerichte haben Namen aus der Welt der Mobilität.

In Sopot

Wenn es eine Nachtmeile gibt, die jeder in Polen kennt, dann ist es die sommerliche Aleja Bohaterów Monte Cassino, kurz Monciak genannt. Hier reihen sich

Ausgehen

Terrassenlokale und Biergärten aneinander – »sehen und gesehen werden« heißt die Devise. Auch angesagte Clubs haben hier ihren Sitz.

Kinski-Kult – **Café-Bar Kinski:** ■ **Karte 3, A 3,** ul. Kościuszko 10, tgl. 16–4 Uhr. Auch in Polen hat der Schauspieler mit dem bösen Blick seine Fans. Das Haus unweit des Bahnhofs, in dem Klaus Günter Karl Nakszynski alias Klaus Kinski 1926 geboren wurde, verwandelten sie in einen originellen Treff: Wandgemälde zeigen ihn als Aguirre und Nosferatu, mit gesträubtem Haar und im Piraten-Look, in die Bartheke sind Zitate aus seiner Autobiografie geritzt. Im ersten Stock geht die Show weiter – verrucht wird's aber erst nach Mitternacht und auch das nur freitags und samstags. Die Geburtstagsfeier findet am oder um den 18. Oktober statt!

Auf Tuchfühlung mit Locals – **3 Siostry:** ■ **Karte 3, B 2,** ul. Powstańców Warszawy 6, www.3siostry.pl, tgl. 13–24, Fr, Sa bis 3 Uhr. Die »drei Schwestern« *(3 siostry)* haben eine eingeschworene Fangemeinde: Sie überzeugen mit Charme, originellen Drinks und Snacks. Auch die bewusst antiquierte Deko gefällt. Wenn's hoch her geht, können Sie auf einem kleinen Dancefloor das Tanzbein schwingen.

Wein über alles – **Vinoteque Sopot:** ■ **Karte 3, B/C 2,** ul. Powstańców Warszawy 10, www.sheraton.pl/sopot, ab 18 Uhr. Im Untergeschoss der Kurhaus-Rotunde werden gute Weine glasweise ausgeschenkt – die Besitzer sind Weinimporteure. Damit der Wein nicht zu Kopf steigt, gibt's Tapas und Tagesgerichte. Hohe Bistrotische und Loungesofas sorgen für ein informelles,

Mikro-Brauereien

Danzigs Brauereitradition reicht Jahrhunderte zurück. Da gab es pechschwarzes und braunes, reines und gewürztes Bier, Mumme und Krolling, aber auch das starke, zähflüssige Jopenbier. Heute knüpfen Danzigs Mikro-Brauereien an die lange Tradition an. Im trendigen **Browar Piwna** wird leichtes Pils und natürtrübes Weizenbier gebraut, dazu dunkles Bier für die kühlere Jahreszeit: vom böhmischen Schwarzbier über fruchtiges Altbier bis zum dunkelroten Baltischen Porter. An der Mottlau-Promenade können Sie im **Gdański Bowke** einkehren, wo in traditionellem Ambiente das gleichnamige, nicht-pasteurisierte Bier serviert wird. Am gegenüberliegenden Ufer braut **Brovarnia** in einem restaurierten Speicher naturbelassene Biere. An lauen Sommerabenden trinkt man sie vor dem Jachthafen mit Blick auf die Rechtstadt. Und damit sie nicht zu Kopf steigen, gibt's dazu hausgemachte Brezeln oder Weißwurst. Wer Danziger Gerstensaft mit der internationalen Konkurrenz vergleichen will, besucht die **Degustatornia Dom Piwa.** Im »Speicher zum Hirschen« von 1771, dessen historische Bierhausatmosphäre erhalten blieb, stehen mehr als 100 Sorten zur Wahl!

Browar Piwna: ■ **Karte 2, C 5,** ul. Piwna 50/51, www.browarpiwna.pl
Gdański Bowke: ■ **Karte 2, D 6,** Długie Pobrzeże 11, www.gdanskibowke.com
Brovarnia: ■ **E 6,** ul. Szafarnia 9, www.brovarnia.pl
Degustatornia Dom Piwa: ■ **Karte 2, D 4,** ul. Grodzka 16, www.degustatornia.pl

Brovarnia – bekannt für naturbelassene Biere

dabei aber doch auch elegantes Ambiente.

In Gdynia
Auch in Gdynia ist abends jede Menge los. Im Sommer treibt es viele ans Meeresufer, wo die Brise für Erfrischung sorgt. In der kühlen Jahreszeit ist die zentrale Abraham-Straße angesagt.

Dekadent – **Desdemona:** ■ **Karte 4, A 1,** ul. Abrahama 37, tgl. 16–1, Fr–Sa bis 3 Uhr. Die melancholische weibliche Hauptfigur aus Shakespeares Drama »Hamlet«, stand Pate: Eine lange, mit glänzenden Kupferplatten ausgelegte Bar und grün-geheimnisvoll schimmerndes Licht locken allabendlich Scharen künstlerischer und digitaler Bohemiens.

Am Strand – **F. Minga:** ■ **Karte 4, A 1,** Bulwar Nadmorski, tgl. 10–23, Fr–Sa bis 1 Uhr. Im Lokal am Stadtstrand kann man wunderbar entspannen: drinnen am Kamin, draußen auf einem luftigen Deck. Wunderbar ist es, hier den Abend bei einem Glas Wein oder einem Cocktail ausklingen zu lassen. Auch kleine Gerichte gibt es.

Konzerte, Oper und Theater

In Danzig
Liveacts & Kunst – **Baltisches Kulturzentrum** (Nadbałtycki Centrum Kultury): ■ **Karte 2, B 4,** ul. Korzenna 33/35, Tel. 58 301 10 51-55, www.nck.org.pl. Im Altstädtischen Rathaus gibt es Konzerte und andere Kulturveranstaltungen.

Konzerte – **Polnische Baltische Philharmonie** (Polska Filharmonia Bałtycka): ■ **D 5,** ul. Ołowianka 1, 58 320 62 62, www.filharmonia.gda.pl. Die Baltische Philharmonie befindet sich auf der Bleihofinsel (Ołowianka) in der ehemaligen Turbine eines Energiewerks – die New York Times kürte das Gebäude zum besten Beispiel für die Verwandlung von Industrie- in Kulturarchitektur. Neben dem Großen Saal mit fast 1000 kreisförmig angeordneten Plätzen gibt es den intimeren Kammermusiksaal. Im Sommer finden Konzerte auf der Freilichtbühne statt.

Shakespeare über alles – **Teatr Szekspirowski:** ■ **Karte 2, B 6,** ul. Bogusławskiego, www.teatrszekspi-

Ausgehen

rowski. pl und www.shakespearefestival.pl. Von außen ein avantgardistischer Beton-Kubus, von innen dem historischen Londoner Globe nachempfunden: Sie sitzen auf einer Holzgalerie und genießen an warmen Sommerabenden den Blick in den Nachthimmel – die Decke des Theaters lässt sich öffnen.

Alles Theater – **Teatr Wybrzeże:** ■ **Karte 2, B 5,** ul. św. Ducha 2, Tel. 58 301 13 28, www.teatrwybrzeze.pl. Das Haupthaus befindet sich am Eingang zur Rechtstadt, vier weitere Bühnen sind über die Stadt verstreut. Mit seinen vom Zeitgeist inspirierten Aufführungen hat sich das Theater »Am Ufer« *(wybrzeże)* in ganz Polen einen Namen gemacht.

In Wrzeszcz
Oper – **Baltische Oper** (Opera Bałtycka): ■ **Karte 4, B 3,** al. Zwycięstwa 15, Tel. 58 763 49 12, www.operabaltycka.pl, Tram 2,3, 6, 9 Haltestelle Gdańsk Politechnika. Wichtigste Adresse für Freunde der Oper, des Tanztheaters und Balletts.

Nicht nur für Kinder – **Teatr Miniatura:** ■ **Karte 4, B 3,** al Grunwaldzka 16, www.teatrminiatura.pl, Tram 5, 6, 9, 11, 12 bis Politechnika. Das traditionsreiche Theater (seit den 1920er Jahren in Vilnius, seit 1947 in Danzig) führt Marionetten- und Pantomime-Stücke auf. Geeignet für Ein- bis Hundertjährige!

In Sopot
Groß-Events – **Ergo Arena:** ■ **Karte 4, A/B 2,** Plac Dwóch Miast 1, www.ergoarena.pl/zwiedzanie. In der mehr als 11 000 Plätze fassenden Halle an der Grenze von Danzig und Sopot finden Großkonzerte statt.

Bunte Palette – **Palais Dworek Sierakowskich:** ■ **Karte 3, A 2,** ul. Czyżewskiego 12, www.tps-dworek.pl, meist Do Abend. Das romantische Herrenhaus organisiert Konzerte, Live-Acts und Lesungen.

Pop bis Oper – **Waldoper** (Opera Leśna): ■ **Karte 4, A 2,** ul. Moniuszki 12, Tel. 58 555 84 00, www.bart.sopot.pl. Im ›Bayreuth des Nordens‹ fanden bis 1942 legendäre Inszenierungen von Wagner-Opern statt. Heute erlebt man hier vor allem Pop, Rock und volkstümliche Klassik.

In Gdynia
Musicals – **Teatr Muzyczny:** ■ **Karte 4, A 1,** pl. Grunwaldzki 1, www.muzyczny.org. Bestseller vom New Yorker Broadway und Londoner Westend, im Sommer auch Jazzkonzerte.

Diskotheken, Clubs, Live-Musik

In Danzig
Industrie-Design – **B90:** ■ **C 2,** ul. Doki 1, www.B90.pl. Das Kunstinstitut Wyspa (s. S. 57) managt Danzigs größte Konzert-Location: in der dreistöckigen Werkhalle, in die locker 2000 Leute passen, finden erstklassige Konzerte von Laibach bis Kaliber 44 statt, auch das alternative Soundrive Fest im Frühherbst wird hier ausgetragen.

Groß-Disko – **Bunkier Klubogaleria:** ■ **Karte 2, C 4,** ul. Olejarna 3, www.bunkierclub.pl, tgl. 16–1, Fr–Sa bis 5 Uhr. Ein Luftschutzbunker in der Altstadt, ein Relikt aus dem letzten Weltkrieg, wurde zur angesagten Nachtadresse: Hinter meterdicken Betonwänden verbergen sich unterschiedlich gestylte Etagen mit Bars,

Tanzflächen und Lounges. Freiliegende Rohre, eine raffinierte Lichtregie und Kunst-Installationen sorgen für ein leicht surreales Ambiente. Ein militärisch inspiriertes Geschoss (mit Elektrischem Stuhl!) zollt dem Ursprung des Monumentalbaus Tribut. Extra-Raum für Raucher, originelle Toiletten!

Legendär – **Café Szafa:** ■ **Karte 2, C 5,** ul. Podmurze 2, www.cafeszafa.pl, tgl. ab 16 Uhr bis zum letzten Gast. Der »Schrank« *(szafa)* ist mit Sperrmüll-Möbeln eingerichtet. Viele Gäste trudeln am Spätnachmittag ein und halten durch bis zum Morgengrauen: erst in der Kneipe, dann auf der Tanzfläche im Untergeschoss. Erfrischung bringt die luftige Terrasse.

Populär – **Parlament:** ■ **Karte 2, B 5,** ul. Św. Ducha 2, www.parlament.com.pl, Do–Sa 21–4 Uhr. Ein ›Parlament‹ unterhalb des Hotels Wolne Miasto: Auf mehreren unterirdischen Etagen wird gerockt, was das Zeug hält, dazu flimmern Disko-Kugeln. Bevor Sie Ihren Durst löschen, müssen Sie eine Prepaid-Karte erwerben, die an der Bar entwertet wird. Sie müssen also zweimal Schlange stehen: erst an der Kasse, dann an der Theke.

In Wrzeszcz
Studentisch-alternativ – **Klub Żak:** ■ **außerh. A 1,** ul. Grunwaldzka 195/197, Wrzeszcz, Tel. 58 344 05 73, www.klubzak.com.pl. Seit Jahrzehnten ist dies DER Studentenclub der Dreistadt: beliebt als Kneipentreff, Kino und Theater, oft gibt es auch großartige Konzerte.

In Sopot
Szenetreff – **Atelier:** ■ **Karte 3, B 1,** al. Mamuszki 2, Tel. 58 550 10 01 www.klubatelier.pl. Das Avantgardetheater

mit Disco-Club nördlich des Grand Hotel ist im Sommer rund um die Uhr geöffnet. Zum Abschluss der Open-Air-Partys genießt man den Sonnenaufgang!

Vive la Bohème! – **Sfinks 700:** ■ **Karte 3, B 1,** al. Mamuszki 1, www.sfinks700.com, Do–Sa 21–5 Uhr. Wenige Schritte vom Strand, schräg gegenüber vom Grand Hotel im Park, ist dieser kurz nach der Wende eröffnete Club einer der ältesten Polens. Die nackten Backsteinwände haben Rave-Parties erlebt, alternative Konzerte und artistische Happenings. Noch heute ist Sfinks *the place to be;* laut TAZ gibt es hier »die besten DJs und die hübschesten Mädchen« der polnischen Ostseeküste.

Auf Sand gebaut – **Zatoka Sztuki:** ■ **Karte 3, B 1,** al. Mamuszki 14, Tel. 58 585 80 65, www.mcka.pl. In der »Kunstbucht« gibt es Tanz-Sessions und Konzerte, Open-Air-Kino und Theater.

Kinos

Multiplex – **Cinema City Krewetka:** ■ **Karte 2, B 4,** ul. Karmelicka 1, www.cinema-city.pl. Die »Krabbe« *(krewetka)* gegenüber dem Hauptbahnhof bietet acht Säle mir Air-Condition, in denen internationale Blockbuster, einige im O-Ton laufen.

Intim im O-Ton – **Kawiarnia Filmowa:** ■ **Karte 2, C 5,** ul. Grobla 3–4, www.wstarymkadrze.com (s. S. 92).

Autorenkino – **Neptun:** ■ **Karte 2, C 6,** ul. Długa 57, www.neptunfilm.pl. In Bestlage auf der Langgasse werden künstlerisch ambitionierte Filme gezeigt – meist im O-Ton.

Sprachführer Polnisch

Aussprache und Betonung

Zu der Zahl ›999‹ sagen die Polen *dziewięć-setdzieniećdziesiątdziewieniec*, ›Glück‹ verwandelt sich in *szczęścia* und ›Liebe‹ in *miłość*. Bei so vielen Zungenbrechern raufen sich Besucher die Haare und sind froh, wenn sie nach einem zweiwöchigen Aufenthalt wenigstens das Wort ›Hallo‹ (cześć) aussprechen können.

In Hotels und Restaurants sind zwar immer mehr jüngere Leute beschäftigt, die Deutsch oder Englisch gelernt haben. Doch kann es nichts schaden, sich ein paar Brocken dieser schwierigen Sprache anzueignen. Zunächst gilt es, sich all jene Buchstaben und Laute einzuprägen, die es im Deutschen nicht gibt:

- **ę** ähnlich dem ›in‹ im franz. ›fin‹
- **ą** ähnlich dem ›on‹ im franz. ›mon‹
- **ł** wird dem ›wh‹ im engl. ›where‹
- **ś** ist gleich ›sch‹
- **ć** ist gleich ›tsch‹
- **ń** ähnlich dem ›gn‹ in Champagner
- **ó** entspricht dem kurzen ›u‹ in ›Hund‹
- **ź, ż, rz** – wie ›j‹ im franz. ›journal‹
- **z** wie das stimmhafte s in ›Sonne‹, doch im Auslaut stimmlos
- **sz** entspricht ›sch‹
- **cz** entspricht ›tsch‹

Der Hauptakzent liegt meist auf der vorletzten Silbe. Alle Vokale sind kurz und offen, in Kombination mit anderen Vokalen getrennt auszusprechen (i-e, e-u). Gleiches gilt für Konsonantenkombinationen: So wird ck nicht zu k verkürzt (Aussprache: tsk).

Allgemeines

Guten Tag	dzień dobry
Guten Abend	dobry wieczór
Gute Nacht	dobranoc
Wie geht es Ihnen?	Jak sié Pan (m) Pani (w) ma?
Wie geht's?	Jak sié masz?
Auf Wiedersehen	do widzenia
Hallo/Tschüss	cześć
danke	dziękuję
bitte	proszę
bitte sehr	proszę bardzo
ja	tak
nein	nie
warum?	dlaczego?
Ich weiß nicht	Nie wiem
Die Rechnung bitte	Poproszę o rachunek
Das ist zu teuer	To za drogo
billig	tanio
klein	mały
groß	duży
wenig	mało
viel	dużo
gut	dobry
schlecht	niedobry/zły
besetzt	zajęty
frei	wolny
geöffnet	czynne/otwarty
geschlossen	nieczynny/zamknięty

Ortsangaben

Wo ist …?	Gdzie jest …?
hier	tu/tutaj
dort	tam
links	na lewo
rechts	na prawo
geradeaus	po prostu
gegenüber	na przeciw
nahe	blisko
weit	daleko

Zeitangaben

Wann?	Kiedy?
Wie lange?	Jak długo?
Wie spät ist es?	Która jest godzina?
morgens	rano
nachmittags	po południu
abends	wieczorem
jetzt	teraz
heute	dziśaj
gestern	wczoraj
morgen	jutro
Tag	dzień
Nacht	noc
Woche	tydzień
Monat	miesiąc

Unterkunft

Hotel	hotel
Herberge	schronisko
Unterkunft	noclegi
Zimmer	pokój
mit Frühstück	ze śniadaniem
Kann ich das Zimmer sehen?	Czy mogą zobaczyć pokój?

Unterwegs

Abfahrt	odjazd
Ankunft	przyjazd
Flughafen	lotnisko
Bus	autobus
Straßenbahn	tramwaj
Bahnhof	dworzec
Gleis	peron
Fahrkarte	bilet
erste/zweite Klasse	pierwsza/druga klasa
Platzreservierung	miejscówka
für (Nicht)Raucher	dla (nie)palących

Tankstelle	stacja benzynowa
bewachter Parkplatz	parking strzeżony
Post	poczta
Brief	list
Postkarte	pocztówka
Briefmarken	znaczki
Telefon	telefon
Telefonkarte	karta magneticzna
Hilfe!	Pomocy! Ratunku!
Polizei	policja

Zahlen

0 zero	7 siedem
1 jeden	8 osiem
2 dwa	9 dziewięć
3 trzy	10 dziesięć
4 cztery	50 pięćdziesiąt
5 pięć	100 sto
6 sześć	1000 tysiąc

Die wichtigsten Sätze

Allgemeine Floskeln
Entschuldigen Sie! przepraszam
Ich verstehe nicht. Nie rozumiem
Ich spreche kein Polnisch. Nie mówię po polsku
Sprechen Sie Deutsch/Englisch? Pan (m)/Pani (w) mówi po niemiecku/po angielsku?

Im Lokal
Ist hier frei? Jest wolny tutaj?
Guten Appetit!/Prost! Smacznego! Na zdrowie!
Bitte die Speisekarte! Poproszę o jadłospis
Ich möchte … Chciałbym (m) …/ Chciałabym (w) …
Wie viel kostet das? Ile to kosztuje?
Bezahlen, bitte! Poproszę o rachunek!
Wo sind die Toiletten? Gdzie jest toaleta?

Auf der Straße
Ich will nach … Ja chcę jechać do …?
Wo kann man … kaufen? Gdzie można kupić …?
Wo ist hier eine Apotheke? Gdzie jest tutaj apteka?
Welcher Bus geht nach …? Który autobus jeździ do …?

Im Hotel
Haben Sie ein freies Zimmer? Czy ma Pan/Pani (m/w) pokój?
Ich habe ein Zimmer bestellt. Rezerwowałam pokój.
Wie viel kostet das Zimmer pro Tag? Ile kosztuje ten pokój na dzień/
Wie viel kostet das Zimmer pro Woche? na tydzień?

Kulinarisches Lexikon

Nur in den Restaurants großer Städte gibt es eine mehrsprachige Speisekarte.

Wichtige Ausdrücke

jadłospis	Speisekarte
kolacja	Abendessen
Na zdrowje!	Zum Wohl!
obiad	Mittagessen
zestaw obiadowy	Mittagsmenü
śniadanie	Frühstück

Speisekarte

barszcz czerwony	Rote-Rüben-Suppe
– z krokotkiem	mit Fleischkrokette
– z uszkami	mit kleinen Teigtaschen
bigos	Krautgulasch mit Pilzen
borowiki	Steinpilze
botwinka	Rote-Bete-Suppe mit Rübenblättern
chłodnik	Kaltschale aus roter Bete
dania bezmięsne	fleischlose Gerichte
dorsz	Dorsch
dród	Geflügel
dziczyna	Wild
filet z kurczaka	Hähnchenfilet
frytki	Pommes frites
gołąbki	gefüllte Kohlrouladen
golonka	Eisbein
grzyby	Pilze
gulasz wołowy	Rindsgulasch
halibut	Heilbutt
herbata	Tee
– z cytryną	mit Zitrone
jagnięcina	Lammbraten
jagody	Blaubeeren
jajko/jajecznica	Ei/Rührei
jarskie	vegetarische Gerichte
kaczka	Ente
– pieczona	gebratene Ente,
– z jabłkami	gefüllt mit Äpfeln
– po starogdańsku	Ente auf Altdanziger Art (mit Orangen)
karp po żydowsku	Karpfen ›auf jüdische Art‹ (süßsauer in Aspik)
kawa	Kaffee
– po staropolsku	auf altpolnische Art (mit Sahne u. Brandy)
– po turecku	auf türkische Art (ungefiltert, mit Zucker)
– z mlekiem	mit Milch
kiełbasa	Wurst
– z rożna	Grillwurst
knedle	Knödel
kopytka	Kartoffelklöße
kotlet szabowy	Schweineschnitzel
krewetki	Garnelen, Krabben
kugle	Krapfen
kurczak	Hähnchen
kurki	Pfifferlinge
lin	Schleie
lody	Eis
łosoś	Lachs
– marynowany	mariniert
– z grila	vom Grill
makowiec	Mohnkuchen
maliny	Himbeeren
makrela	Makrele
marynowane	marinierte Pilze
mięsne	Fleischgerichte
miód pitny	Met, Honigwein
mizeria	Gurkensalat mit saurer Sahne
mleko	Milch
– kwaśne	Sauermilch
naleśniki	Pfannkuchen
– z serem	mit Schichtkäse
obwarzanek	rundes Hefegebäck, bestreut mit Kümmel, Sesam oder Mohn
ogórki kiszone	saure Gurken
okoń	Barsch
owoce	Früchte, Obst
parówki	Würstchen
pieczarki	Champignons
pieczeń	Braten
– huzarski	›Husarenbraten‹, gefüllter Rindsbraten
– z dzika	Wildschweinbraten

– wieprzowa	Schweinebraten
pierogi	gefüllte Teigtaschen
– po ruskie	auf Russisch (mit Kartoffel-Quark-Füllung)
– z dzika	mit Wildschwein
– ze szpinakiem	mit Spinat
– z grzybami	mit Pilzen
– z kaszą	mit Graupen
– z mięsem	mit Fleisch
– z kapustą	mit Sauerkraut
piwo	Bier
– bezalkoholowy	alkoholfreies Bier
placki ziemniaczane	Kartoffelpuffer
polędwica	Lendenstück
pomodory	Tomaten
potrawka	Ragout
– z kurczaka	Geflügelragout
– cielęca	Kalbsragout
poziomki	Wilderdbeeren
pstrąg	Forelle
rak	Krebs
ryba	Fisch
– ryba smażona	gebratener Fisch
– wędzona	geräucherter Fisch
rybne	Fischgerichte
ryż	Reis
sałatka	grüner Salat
– jarzynowa	Gemüsesalat
– z pomidorów	Tomatensalat
sandacz	Zander
sarnina	Rehbraten
ser biały	Schichtkäse, Quark
śledź	Hering
– w oleju	in Öl
– w śmietanie	in Sahnesauce
sok	Saft
– jabłkowy	Apfelsaft
– pomarańczowy	Orangensaft
– pomidorowy	Tomatensaft
sola	Seezunge
sos	Sauce

– koperkowy	Dillsauce
– kurkowy	Pfifferlingsauce
– myśliwski	süßsaure Jägersauce
– ogórkowy	Gurkensauce
– rakowy	Sauce mit Flusskrebsen
– śmietanowy	Sahnesauce
– żurawinowy	Moosbeersauce
surówka	Rohkost, Salatbeilage
– z marchewki	Karottensalat
– z pomidorów	Tomatensalat
szarlotka	Apfelkuchen
szaszłyk	Fleischspieß
szczupak	Hecht
sznycel	Schnitzel
tatar	(Beefsteak)Tatar
tatar z łososia	Lachstatar
twaróg	Quark, Schichtkäse
truskawki	Erdbeeren
warzywa	Gemüse
węgorz (wędzony)	Aal (Räucheraal)
wino	Wein
– białe	Weißwein
– czerwone	Rotwein
– grzane	Glühwein
woda mineralna	Mineralwasser
wódka	Wodka
zapiekanka	überbackenes, belegtes Baguette
zębacz	Seewolf
ziemniaki	Kartoffeln
zupa	Suppe
– grzybowa	Pilzsuppe
– ogórkowa	Gurkensuppe
– pomidorowa	Tomatensuppe
– rybna	Fischsuppe
– z borowikami	Steinpilzsuppe
– z raków	Flusskrebssuppe
żurek	Sauerrahmsuppe
– w chlebie	– im ausgehöhlten Brotlaib

Im Restaurant

Ich möchte einen Tisch reservieren. Chciałbym (m)/chciałabym zarezerwować stolik.

Bitte warten Sie, bis Ihnen ein Tisch zugewiesen wird. Proszę poczekać zanim pan (m) / pani (w) usiądzie.

Die Speisekarte/Weinkarte, bitte. Poproszę menu/kartę win.

Die Rechnung, bitte. Proszę o rachunek.

Wo sind die Toiletten? Gdzie są toalety?

Register

Register

Unterwegs mit Dieter Schulze
Dieter Schulze studierte Slawistik, um Dostojewski im Original zu lesen. Doch auf dem Weg nach Moskau blieb er in Polen hängen und begann sich mehr und mehr für das Land zu interessieren. Inzwischen hat er 15 Reise- und Kulturbücher zum Nachbarland verfasst – teils in Eigenregie, teils gemeinsam mit Izabella Gawin, seiner aus Polen stammenden Lebenspartnerin. An Danzig gefällt ihm, dass sich Stadt- mit Strandurlaub so gut kombinieren lässt wie an nur wenigen Orten … hinzu kommt die spannende Mischung aus deutscher Vergangenheit und polnischer Gegenwart.

Abbildungsnachweis
DuMont Bildarchiv, Ostfildern: S. 7, 13, 47 (Hirth)
Glow Images, München: S. 68, 70, Umschlagrückseite (Gamma/Kuzminski); 22, 28/29, 32, 38, 44 (ImageBroker/Nitzschke); 15 (ImageBroker/Schöfmann); 9, 72 (imageBoker/Schweitzer); 58 (Superstock)
mauritius images, Mittelwald: Titelbild, Umschlagklappe vorn, S. 4/5, 10, 30, 34, 36, 46, 54, 60, 67, 74, 76, 80, 83 (Alamy); 40 (imageBroker/Graben); 42 (imagebroker/Nitzschke); 105 (imageBroker/Schweitzer)
Museum des Zweiten Weltkriegs, Danzig: S. 52 (Jagodziński)
Dieter Schulze, Bremen: S. 56, 63, 84/85, 86, 90, 95, 97, 100, 103, 106, 109, 120

Quellennachweis: S. 81: Günter Grass, Die Blechtrommel © Steidl-Verlag, Göttingen 1993 (Erstausgabe 1959)
Kartografie: DuMont Reisekartografie, Fürstenfeldbruck
© DuMont Reiseverlag, Ostfildern

Umschlagfotos
Titelbild: Artushof und Neptunbrunnen am Langen Markt
Umschlagklappe vorn: Marienkirche

Hinweis: Autor und Verlag haben alle Informationen mit größtmöglicher Sorgfalt geprüft. Gleichwohl sind Fehler nicht vollständig auszuschließen. Alle Angaben erfolgen ohne Gewähr. Bitte schreiben Sie uns! Über Ihre Rückmeldung zum Buch und Verbesserungsvorschläge freuen sich Autor und Verlag:
DuMont Reiseverlag, Postfach 3151, 73751 Ostfildern, info@dumontreise.de, www.dumontreise.de

1. Auflage 2015
© DuMont Reiseverlag, Ostfildern
Alle Rechte vorbehalten
Redaktion/Lektorat: Heike Pasucha
Grafisches Konzept: Groschwitz/Blachnierek, Hamburg
Printed in China